현대
초등 영어사전

Hyŏndae Elementary English-Korean Dictionary

(주)교학사

머 리 말

　이 사전은 초등학교에서 영어를 배우는 학생들을 위해 만들었습니다.

　이 사전에 실은 영어 단어는 초등학교 영어 교과서에 나오는 기본 어휘 800여 단어를 포함하여 초등학생이 꼭 알아야 할 1,400여개의 단어를 표제어로 삼았습니다. 예문은 가능한 한 초등학교 영어 학습 과정에 맞는 간단하고 기초적인 일상 회화문을 주로 실었고, 또한 영어에 흥미를 잃게 될 것을 우려하여 재미있는 800여개의 삽화를 곁들여 단어와 예문의 이해를 돕게 하였습니다.

　이제는 우리 말만 가지고는 급변하는 세계에 능동적으로 대처할 수 없는 게 현실입니다. 그래서 영어를 초등학생 때부터 배우게 된 것입니다. 이 사전은 초등학생 여러분이 영어를 사용하는 모든 나라 사람들과 친구처럼 이야기하는 데 도움을 줄 것입니다.

　이 사전을 가지고 재미있고 즐겁게 공부하길 바랍니다.

1998 년

사 서 부

이 사전의 사용법

② **cold** [kould] 명 추위 ; 감기 형 추운, 찬

"I don't like the **cold** of winter."
나는 겨울 추위가 싫어.
"Me neither."
나도.

⑦ **C**

college ③ [kálidʒ] ④ 명 ⑤ 단과 대학
"I'd like to go to **college**."
나는 대학에 가고 싶어요.
"Then, study hard."
그럼, 열심히 공부해라.

comb [koum] 명 빗 동 빗다
⑥"Go **comb** your hair."
가서 머리 좀 빗어라.
"Yes, Mom."
알았어요, 엄마.

⑩

come [kʌm] 동 오다
"May I **come** in?"
들어가도 될까요?
"Yes, please."
네, 들어오세요.

IV

① 그 쪽수에 실린 첫번째 단어와 마지막 단어입니다.
② 표제어 : 초등학생이 알아야 할 1,400여 단어
③ 발음 기호
④ 품사 : 하단 참조
⑤ 단어의 뜻
⑥ 예문에서 해당 표제어는 굵은 글자로 했습니다.
⑦ 단어를 쉽게 찾을 수 있도록 알파벳을 색깔별로 구분했습니다.
⑧ 쪽수에 해당하는 숫자를 영문으로 표기했습니다.
⑨ 쪽수를 나타냅니다.
⑩ 단어의 이해를 돕기 위해 삽화를 800여개 실었습니다.

이 사전에 나오는 약어와 기호

대	대명사	명	명사
관	관사	부	부사
형	형용사	접	접속사
전	전치사	동	동사
조	조동사	감	감탄사
약	약어		

★ : 동사의 과거형·명사의 복수형을 나타냈습니다.

◆ : 예문의 이해를 돕기 위한 관용구 및 참고 사항을 적어 놓았습니다.

발음 기호

모 음			자 음		
기 호	보 기		기 호	보 기	
단 모 음			p	ㅍ	pool [puːl]
iː	이-	agree [əgriː]	b	ㅂ	back [bæk]
i	이	give [giv]	t	ㅌ	team [tiːm]
e	에	bell [bel]	d	ㄷ	day [dei]
æ	애	bag [bæg]	k	ㅋ	key [kiː]
ɑ	아	hot [hɑt]	g	ㄱ	go [gou]
ɑː	아-	father [fɑ́ːðər]	m	ㅁ	milk [milk]
ɔː	오-	all [ɔːl]	n	ㄴ	nice [nais]
u	우	book [buk]	ŋ	ㅇ	along [əlɔ́ːŋ]
uː	우-	cool [kuːl]	l	ㄹ	little [lítl]
ʌ	어	lunch [lʌntʃ]	f	ㅍ	face [feis]
ə	어	above [əbʌ́v]	v	ㅂ	very [véri]
əː	어-	early [ə́ːrli]	θ	ㅅ	three [θriː]
이 중 모 음			ð	ㄷ	that [ðæt]
			s	ㅅ	sad [sæd]
ei	에이	cake [keik]	z	ㅈ	zoo [zuː]
ou	오우	throw [θrou]	ʃ	시	short [ʃɔːrt]
ai	아이	high [hai]	ʒ	지	usual [júːʒuəl]
au	아우	sound [saund]	r	ㄹ	red [red]
ɔi	오이	voice [vɔis]	h	ㅎ	happy [hǽpi]
iər	이어	near [niər]	tʃ	치	chair [tʃɛər]
ɛər	에어	care [kɛər]	dʒ	지	joy [dʒɔi]
ɔːr	오-	or [ɔːr]	j	이	you [juː]
uər	우어	tour [tuər]	w	우	wind [wind]

a [ə] 관 한 개의, 한 사람의
  A glass of water, please.
  물 한 잔 주세요.

able [éibl] 형 …할 수 있는
  "Will I be **able** to do well?"
  내가 잘 할 수 있을까?
  "Sure. Don't worry."
  물론이지. 걱정마.

about [əbáut] 부 약, 대략 전 …에 대하여
  "It's **about** nine now."
  아홉시가 다 돼가.
  "Yes, let's hurry."
  그래, 서두르자.

A

above [əbʌ́v] 전 …의 위에, …의 위로
An airplane is flying **above** the clouds.
비행기가 구름 위를 날고 있습니다.

absent [ǽbsənt] 형 결석한
"Where is Min-ho?"
민호는 어디 있지?
"He is **absent** today."
오늘 결석이예요.

accident [ǽksidənt] 명 사고
"I saw an **accident** yesterday."
나 어제 사고를 봤어.
"Where was it?"
어디서 났는데?

across [əkrɔ́ːs] 전 …을 가로질러
Don't walk **across** the street here.
여기서 길을 건너면 안돼요.

A

act [ækt] 몡 행동, 행위 통 행동하다
"**Act** like a good boy."
착한 소년답게 행동해라.
"Yes, Mom."
그럴게요, 엄마.

actor [ǽktər] 몡 (남자) 배우
My uncle is a famous **actor**.
우리 삼촌은 유명한 영화배우입니다.

add [æd] 통 더하다 ; 보태다

Add six to five.
5 에 6 을 더해 보아라.

address [ədrés] 몡 주소
"What's your **address**?"
네 주소는 어디니 ?
"16-2, Kongdŏk-dong."
공덕동 16-2 번지야.

afraid [əfréid] 형 무서워하여 ; 걱정하여
"Are you **afraid** of dogs?"
개를 무서워하니 ?
"Yes, I am."
응, 그래.

after [ǽftər] 전 …의 뒤에
"**After** you."
자, 먼저.
"Thank you."
고마워요.

afternoon [ǽftərnúːn] 명 오후
"Good **afternoon**, Judy."
안녕, 주디.
"Good **afternoon**, Tom."
안녕, 톰.

again [əgén] 부 다시, 또
"Come and see us **again**."
또 놀러 와.
"Thank you."
고마워.

age [eidʒ] 몡 나이

"What is your **age**?"

너 몇 살이니 ?

"I'm twelve."

열 두 살이에요.

ago [əgóu] 뮈 …이전에

"When did you meet Tom?"

톰은 언제 만났니 ?

"Two days **ago**."

이틀 전에.

agree [əgríː] 돔 동의하다, 일치하다

We **agree** with Tom.

우리는 톰의 의견에 동의합니다.

ahead [əhéd] 뮈 앞으로

"May I ask you a question?"

질문해도 될까요 ?

"Go **ahead**."

어서 해봐라.

A

air [ɛər] 명 공기 ; 하늘
We need fresh **air**.
우리는 신선한 공기가 필요하다.

airplane [ɛərplèin] 명 비행기
An **airplane** is flying slowly.
비행기가 천천히 날고 있다.

airport [ɛərpɔ̀ːrt] 명 공항, 비행장
I live near the **airport**.
나는 공항 근처에 살고 있습니다.

alarm clock [əlɑ́ːrm klɑ̀k] 명 자명종
Your **alarm clock** is ringing.
네 자명종이 울리고 있구나.

A

album [ǽlbəm] 몡 앨범, 사진첩

"What is it?"
그것은 뭐니 ?
"It is an **album**."
앨범이야.

all [ɔːl] 혱 모든 몭 전혀, 몹시

"Please open the door, In-ho."
인호야, 문좀 열어줘.
"**All** right."
알았어요.

almost [ɔ́ːlmoust] 몭 거의

"Are you ready?"
준비되었니 ?
"**Almost**."
거의.

alone [əlóun] 혱 혼자의

Leave me **alone**.
혼자 있게 내버려 두세요.

A

along [əlɔ́ːŋ] 튄 …을 따라서, 앞으로 젠 …을 따라

"Mom, go with me."

엄마, 같이 가요.

"Come **along**. Hurry up."

어서 따라오렴.

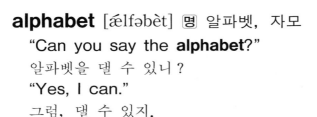

alphabet [ǽlfəbèt] 몡 알파벳, 자모

"Can you say the **alphabet**?"

알파벳을 댈 수 있니 ?

"Yes, I can."

그럼, 댈 수 있지.

already [ɔːlrédi] 튄 이미, 벌써

Oh, it's **already** ten. I have to go to bed.

벌써 열시구나. 자야지.

also [ɔ́ːlsou] 튄 (…도) 또한

"Bo-ra is pretty."

보라는 귀여워.

"Jane is **also** pretty."

제인도 또한 귀엽지.

A

always [ɔ́ːlweiz] 뷔 늘, 언제나
"I **always** get up early."
난 언제나 일찍 일어나.
"Me, too."
나도.

am [æm] 동 be의 I 인칭 단수 현재형
"Hello, I **am** In-ho."
안녕, 나는 인호야.
"Hello, I **am** Su-jin."
안녕, 나는 수진이야.

a.m., A.M. [éiém] 약 오전
"Please come here at 10 **a.m.**"
오전 10 시에 이리로 오십시오.
"OK."
알았습니다.

ambulance [ǽmbjuləns] 명 구급차
Call an **ambulance**!
구급차를 불러라 !

A

America [əmérikə] 명 미국, 아메리카

My uncle lives in **America**.

우리 아저씨는 미국에 사십니다.

American [əmérikən] 형 미국(사람)의

"Are you **American**?"

너는 미국 사람이니 ?

"Yes, I am."

응, 그래.

among [əmʌ́ŋ] 전 …의 사이에(서)

"Choose one **among** these cards."

이 카드 중에서 하나를 고르세요.

"All right."

좋아요.

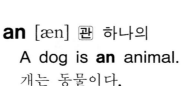

an [æn] 관 하나의

A dog is **an** animal.

개는 동물이다.

A

and [ænd] 접 …와 …, 그리고
Tom **and** Mike are good friends.
톰과 마이크는 친한 친구사이다.

angry [ǽŋgri] 형 성난
"Mom is **angry** with me."
엄마가 나한테 화가 나셨어.
"Why?"
왜 ?
"I broke the dishes."
내가 접시를 깼거든.

announcer [ənáunsər] 명 아나운서
"My brother is an **announcer**."
우리 형은 아나운서야.
"Really?"
정말 ?

another [ənʌ́ðər] 형 또 하나의, 또 한 사람의
"Please have **another**
piece of cake."
케이크 한 조각 더 먹으렴.
"No, thank you."
아니요, 됐어요.

animal [ǽniməl] 명 동물

monkey 원숭이

gorilla 고릴라

panther 표범

panda 판다

rhino 코뿔소

fox 여우

lion 사자

rabbit 토끼

beaver 비버

crocodile 악어

hippo 하마

snake 뱀

Animals

camel 낙타

giraffe 기린

zebra 얼룩말

elephant 코끼리

deer 사슴

bear 곰

tiger 호랑이

A

answer [ǽnsər] 몡 답 暠 대답하다

"What is the **answer**?"
답이 뭐게 ?
"I don't know."
모르겠는 걸.

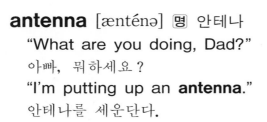

ant [ænt] 몡 개미

"Look at that!"
저것 좀 봐 !
"It's a queen **ant**."
여왕 개미군.

antenna [ænténə] 몡 안테나

"What are you doing, Dad?"
아빠, 뭐하세요 ?
"I'm putting up an **antenna**."
안테나를 세운단다.

any [éni] 혱 얼마간의 ; 조금도

"Do you have **any** questions?"
여러분, 질문 있나요 ?
"No, we don't."
아뇨, 없어요.

A

anybody [énibàdi] 때 누군가, 아무도
  Is **anybody** absent today?
  오늘 누구 결석한 사람 있나요?

anyone [éniwʌ̀n] 때 누군가, 아무에게도
  "Is there **anyone** at home?"
  집에 누구 있나요?
  "Oh, hello, In-su."
  여, 어서와, 인수야.

anything [éniθìŋ] 때 무엇이고, 무엇이든지
  "Is there **anything** you like?"
  맘에 드는 게 있니?

  "Yes, there is."
  네, 있어요.

apartment [əpá:rtmənt] 명 아파트
  "Look at that tall **apartment** house."
  저 고층 아파트를 봐.
  "That's great."
  굉장하군.

A

appear [əpíər] 통 나타나다
The moon **appeared** through the clouds.
구름 사이로 달이 나타났다.

apple [ǽpl] 명 사과
"Do you like **apples**?"
사과 좋아하니 ?
"Yes, I do."
응, 좋아해.

April [éiprəl] 명 4 월
I was born in **April**.
나는 4 월에 태어났다.

are [ɑːr] 통 be의 2 인칭 단수 현재형 ;
be의 1, 2, 3 인칭 복수 현재형
"Where **are** you from?"
너는 어디에서 왔니 ?
"I'm from Canada."
난 캐나다에서 왔어.

aren't [ɑːɾnt] **are not** 의 단축형

"Are you sisters?"

너희는 자매간이니 ?

"No, we **aren't**.
We are friends."

아냐, 우리는 친구사이야.

arm [ɑːɾm] 명 팔

Bo-ra has a doll in her **arms**.

보라가 팔에 인형을 안고 있다.

around [əráund] 부 주위에 전 …을 둘러싸고

Please sit **around** the table.

탁자에 둘러 앉아 주세요.

arrive [əráiv] 동 도착하다

"When do you **arrive** at Seoul?"

언제 서울에 도착합니까 ?

"I will **arrive** at 5 p.m."

오후 5 시에 도착할 겁니다.

A

arrow [ǽrou] 명 화살
He shot an **arrow** at the bird.
그는 화살로 새를 쐈다.

art [ɑːrt] 명 미술, 예술
"Do you study **art** at school?"
학교에서 미술을 배우니?
"Yes, we do."
응, 배워.

as [æz] 부 …만큼
Tom is **as** tall **as** his mother.
톰은 엄마만큼 키가 크다.

Asia [éiʒə] 명 아시아
Korea is in **Asia**.
한국은 아시아에 있습니다.

ask [æsk] 图 물어보다
　　"May I **ask** you a favor?"
　　부탁 하나 해도 될까요?
　　"Sure. What is it?"
　　그럼요. 뭔데요?

asleep [əslíːp] 图 잠든 图 잠들어
　　Tom is **asleep**.
　　톰이 자고 있어요.

at [ət] 图 …에서 ; …에
　　Tom gets up **at** seven.
　　톰은 일곱 시에 일어납니다.

ate [eit] 图 먹었다
　　★ **eat** 의 과거형
　　We **ate** a hamburger for lunch.
　　우리는 점심으로 햄버거를 먹었습니다.

A

August [ɔ́ːgəst] 명 8 월
"Do you have school in **August**?"
8 월에 수업이 있니 ?
"No, we don't."
아니, 없어.

aunt [ænt] 명 아주머니
"Is that lady your **aunt**?"
저 부인이 네 아주머니시니 ?
"Yes, she is."
응, 맞아.

Australia [ɔːstréiljə] 명 오스트레일리아, 호주
"Where do kangaroos live?"
캥거루는 어디에 사니 ?
"They live in **Australia**."
오스트레일리아에 살지.

autumn [ɔ́ːtəm] 명 가을
Autumn is my favorite season.
가을은 내가 제일 좋아하는 계절이다.

awake [əwéik] 형 깨어 있는

"I was **awake** all night."
나는 밤새 한 잠도 못잤어.
"Why?"
왜 ?
"I was sick."
아팠거든.

away [əwéi] 부 떨어져서, 멀리

"Is your Mommy at home?"
어머니 계시니 ?
"No, she is **away** right now."
아뇨, 방금 나가셨어요.

baby [béibi] 명 갓난아기

"How old is the **baby**?"
아기가 몇 살이니?
"Only five months old."
다섯 달 밖에 안됐어.

back [bæk] 명 등 ; 뒤 부 뒤로, 되돌아와서

"I'll be **back** soon."
빨리 다녀오겠소.
"OK. Don't hurry."
예. 서둘지는 마세요.

bad [bæd] 형 나쁜 ; 심한

"I have a cold."
감기 걸렸어.
"That's too **bad**."
참 안됐구나.

badly [bǽdli] 튀 나쁘게 ; 몹시

"What do you want?"

무엇이 필요하니 ?

"I want new shoes **badly**, Mom."

엄마, 새 신발이 몹시 필요해요.

B

bag [bæg] 명 가방

"What do you have in your **bag**?"

가방 안에 뭐가 들어 있니 ?

"I have a few books in it."

책 몇 권이 들어 있어.

bake [beik] 동 (빵을) 굽다

"Did you **bake** these cookies?"

이 과자 네가 구운거니 ?

"No, my mother did."

아니, 엄마가 구우셨어.

ball [bɔ:l] 명 공, 볼

"Throw the **ball** to me."

공 좀 던져줘.

"Here. Catch it."

자. 받아.

B

balloon [bəlúːn] 명 풍선, 기구
"What's that?"
저게 뭘까?
"It looks like a **balloon**."
기구 같아.

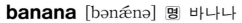

banana [bənǽnə] 명 바나나
"I like **bananas**."
나는 바나나를 좋아해.
"Me, too."
나도 그래.

band [bænd] 명 띠 ; 악대
"Can I join in the **band**?"
내가 악대에 들어가도 될까?
"Sure."
물론이야.

bank [bæŋk] 명 은행
Su-jin has some money in the **bank**.
수진이는 은행에 저금이 약간 있다.

barber [bá:rbər] 명 이발사
"Where are you going?"
어디 가니 ?
"I'm going to the **barber**'s."
이발하러.

bark [bɑːrk] 동 짖다

Our dog always **barks**
at the stranger.
우리 개는 낯선 사람만
보면 짖어요.

base [beis] 명 토대, 기초 ; (야구의) 베이스, 루
"Can you play second **base**?"
2루수를 맡을래 ?
"I'll try."
해볼게.

basket [bǽskit] 명 바구니
In-su ate a **basket** of apples.
인수는 사과 한 바구니를 다 먹었다.

baseball [béisbɔ̀ːl] 명 야구

Baseball

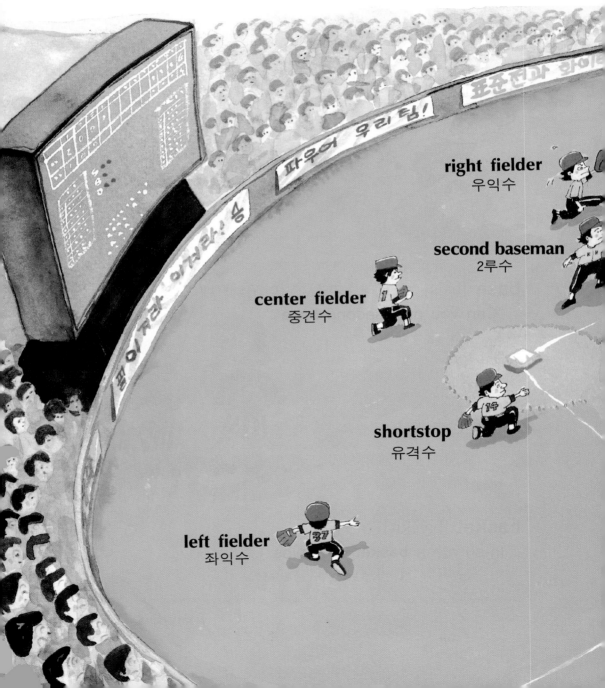

right fielder
우익수

second baseman
2루수

center fielder
중견수

shortstop
유격수

left fielder
좌익수

B

basketball [bǽskitbɔ̀:l] 명 농구

Let's play **basketball**.

우리 농구하자.

bat¹ [bæt] 명 (야구)배트, 방망이

"That's a nice **bat**."

그 배트 멋있구나.

"Do you want to try it out?"

한 번 쳐볼래?

bat² [bæt] 명 박쥐

"I'm afraid of **bats**."

나는 박쥐가 무서워.

"Me, too."

나도야.

bath [bæθ] 명 목욕

"Hello. Is In-ho in?"

안녕하세요. 인호 있어요?

"Yes, but he's taking a **bath**."

응, 하지만 목욕중이야.

bathroom [bǽθrù(ː)m] 명 욕실, 화장실

Bathroom

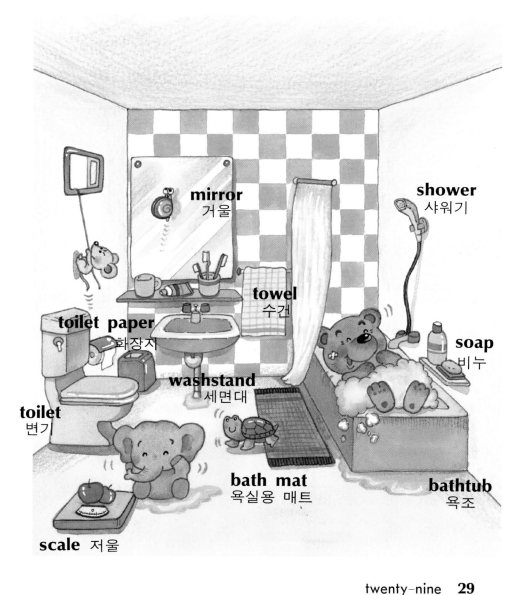

mirror
거울

shower
샤워기

toilet paper
화장지

towel
수건

washstand
세면대

soap
비누

toilet
변기

bath mat
욕실용 매트

bathtub
욕조

scale 저울

B

be [biː] 통 …이다, …이 있다, …이 되다
"What are you going to **be**?"
장래에 무엇이 될거니?
"I want to **be** a doctor."
의사가 되고 싶어요.

beach [biːtʃ] 명 바닷가, 해변
"Let's go swimming at the **beach**."
해변으로 수영하러 가자.
"Sounds good."
좋아.

bear¹ [bɛər] 명 곰
A little **bear** is cute.
새끼 곰은 귀엽다.

bear² [bɛər] 통 낳다
Su-jin was born in Seoul.
수진이는 서울에서 태어났다.
★ 과거형 **bore** [bɔːr], 과거분사형 **born** [bɔːrn]

beat [biːt] 동 치다, 때리다
  Children like to **beat** drums.
  아이들은 북치는 것을 좋아한다.

B

beautiful [bjúːtifəl] 형 아름다운, 예쁜

  "You are really **beautiful**."
  너 정말 예쁘구나.
  "Oh, thank you."
  어머, 고마워.

became [bikéim] 동 …이 되었다
  ★ **become** 의 과거형
  Mike **became** asleep.
  마이크는 잠이 들었다.

because [bikɔ́ːz] 접 왜냐하면, …때문에
  "Why do you keep cats?"
  고양이를 왜 기르니?
  "**Because** they're quiet."
  얌전하니까.

B

become [bikʌ́m] 동 …이 되다

"Do you want to **become** a baseball player?"

너 야구 선수가 되고 싶니 ?

"Well, I don't know yet."

글쎄, 아직 모르겠어.

bed [bed] 명 침대, 잠자리

Our room has two **beds**.

우리 방은 침대가 둘이다.

bedroom [bédrù(:)m] 명 침실

"Where's the **bedroom**?"

침실은 어디니 ?

"Over here."

이쪽이야.

bee [biː] 명 꿀벌, 벌

"Look! What are they?"

저것 봐 ! 뭐지 ?

"They're **bees**."

그건 꿀벌이야.

before [bifɔ́:r] 젠 …의 앞에 졥 …하기 전에
"What does Jane do **before** supper?"
제인은 저녁 먹기 전에 무엇을 하죠 ?
"She washes her hands."
손을 씻어요.

beg [beg] 통 부탁하다
"Do you need any help?"
도움이 필요하나요 ?
"Sorry. I **beg** your pardon?"
미안해요. 다시 말씀해 주실래요 ?

began [bigǽn] 통 시작했다

★ **begin** 의 과거형
The baby **began** to cry.
갓난아기가 울기 시작했다.

begin [bigín] 통 시작하다
"What time does school **begin**?"
수업이 몇 시에 시작하니 ?
"It **begins** at eight-thirty."
8 시 반에 시작해.

B

behind [biháind] 전 …의 뒤에
The baby ducks walk **behind** their mother.
새끼 오리들이 어미 오리 뒤를 따라간다.

believe [bilíːv] 동 믿다
"Do you **believe** that story?"
너 그 애기를 믿니?
"Of course."
물론이지.

bell [bel] 명 종, 벨
"The door **bell** is ringing."
초인종이 울리고 있어요.
"Will you answer the door?"
네가 현관에 나가 볼래?

below [bilóu] 전 …의 아래에
"Where's my bag, Mom?"
엄마, 내 가방 어디 있어요?
"It's **below** the clock."
시계 밑에 있다.

B

bench [bentʃ] 몡 벤치, 긴 의자
A girl sat reading
on the **bench**.
한 소녀가 벤치에 앉아
책을 읽고 있었다.

beside [bisáid] 쩐 …의 곁에
"Come and sit **beside** me."
내 옆에 와서 앉아.
"No, thank you."
아니, 됐어.

best [best] 혱 가장 좋은 뿌 제일, 가장 좋게
"Which sport do you like **best**?"
어떤 스포츠를 제일 좋아하니?
"I like baseball **best**."
야구를 제일 좋아해.

better [bétər] 혱 더 좋은 뿌 더 좋게
"Which do you like **better**, apples or oranges?"
사과와 오렌지 중에서 어느 것이 더 좋으니?
"I like apples **better**."
사과가 더 좋아.

B

between [bitwíːn] 전 …의 사이에
"This talk is just **between** you and me."
이건 너랑 나 사이의 얘기야.
"OK. I won't tell anybody."
알았어. 아무한테도 말안할게.

bicycle [báisìkl] 명 자전거

"Can you ride a **bicycle**?"
자전거 탈 줄 아니?
"Sure, I can."
그럼, 탈 수 있고 말고.

big [big] 형 큰
The jacket is too **big** for him.
웃옷이 그에게 너무 크다.

bike [baik] **bicycle**의 단축형
"Whose **bike** is this?"
이 자전거 누구거니?
"It's mine."
내거야.

bird [bəːʳd] 명 새

Birds

swallow
제비

crow
까마귀

eagle
독수리

owl
올빼미

pigeon
비둘기

sparrow
참새

peacock
공작

ostrich
타조

penguin
펭귄

woodpecker
딱따구리

swan
백조

B

birthday [bə́ːrθdèi] 몡 생일
"Happy **birthday**, Judy!"
주디야, 생일 축하해!
"Thank you."
고마워.

bit[1] [bit] 몡 작은 조각, 조금
"Can't you swim at all?"
조금도 헤엄 못치니?
"Not a **bit**."
전혀 못해.

bit[2] [bit] 됨 물었다

★ **bite** 의 과거형
A dog **bit** him in the leg.
개가 그의 다리를 물었다.

bite [bait] 됨 물다, 물어 뜯다
Tom often **bites** his nails.
톰은 종종 자기 손톱을 물어 뜯는다.

black [blæk] 명 검은색　형 검은
He was dressed in **black**.
그는 검은 옷을 입고 있었다.

blackboard [blǽkbɔ̀ːrd] 명 칠판
"Would someone clean the **blackboard** for me?"
누가 칠판 좀 지워 줄래?
"I'll do it."
제가 할 게요.

blood [blʌd] 명 피
"What's your **blood** type?"
혈액형이 뭐니?
"Mine is B."
B형이야.

blouse [blaus] 명 블라우스
"Your new **blouse** is very pretty."
새 블라우스가 정말 예쁜데.
"Oh, thank you."
어머, 고마워.

B

blow [blou] 동 (바람이) 불다
It is **blowing** hard today.
오늘 바람이 세게 불고 있다.

blue [bluː] 명 푸른색 형 푸른

"Who is that girl in **blue**?"
푸른 옷을 입은 저 여자애는 누구니?
"That's Mary, my friend."
내 친구 메리야.

board [bɔːrd] 명 판자, 게시판
The floor was made of **boards**.
마루는 판자로 만들어졌다.

boat [bout] 명 보트, 작은 배
"Can you row a **boat**?"
너 보트 저을 수 있니?
"Yes, I can."
응, 저을 수 있어.

body [bádi] 몡 몸

Body

head 머리

neck
목

shoulder
어깨

back 등

elbow
팔꿈치

hip
엉덩이

face
얼굴

arm 팔

chest 가슴

stomach 배

navel 배꼽

leg 다리

knee 무릎

foot 발

book [buk] 명 책

"What kind of **books** do you like?"
너는 어떤 책을 좋아하니?
"I like comic **books**."
난 만화책을 좋아해.

boot [buːt] 명 장화, 부츠

A girl is in red **boots**.
소녀는 빨간 장화를 신고 있다.

born [bɔːrn] 동 낳았다

★ **bear**² 의 과거 분사형
"We were **born** in the same month."
우리는 같은 달에 태어났어.
"Oh, really?"
어머, 정말?

borrow [bɔ́ːrou] 동 빌리다

"May I **borrow** your pen?"
네 펜 좀 빌릴 수 있니?
"Sure. Here you are."
그럼. 여기 있어.

both [bouθ] 명 양쪽, 둘 다

I like **both** of them.
나는 그들 둘 다 좋아한다.

B

bottle [bátl] 명 병
"Can I help you?"
도와줄까?
"Yes, bring me a **bottle** of milk."
응, 우유 한 병 가져다 줘.

bought [bɔːt] 동 샀다
★ **buy** 의 과거형
"What did you buy?"
뭘 샀니?
"I **bought** some fruit."
과일 좀 샀어.

bow¹ [bau] 동 절하다 ; (머리를) 숙이다
He **bowed** to his teacher.
그는 선생님께 인사했다.

B

bow² [bou] 명 활

I shot arrows with a **bow**.
나는 활로 화살을 쏘았다.

box [bɑks] 명 상자

"This **box** is empty."
이 상자는 비어 있어.
"Here's another one."
여기에 하나 더 있는데.

boy [bɔi] 명 소년, 남자 아이

Boys stand in a line.
소년들이 나란히 서 있다.

brave [breiv] 형 용감한

Don't be afraid. Be **brave**!
무서워하지 마라. 용기를 내!

B

bread [bred] 명 빵

"Do you eat **bread** or rice for breakfast?"
너는 아침으로 빵을 먹니 밥을 먹니?
"I eat **bread**."
빵을 먹어.

break [breik] 동 깨뜨리다

"Don't touch it. It **breaks** easily."
그것에 손대지 마라. 잘 깨지니까.
"All right."
알았어요.

breakfast [brékfəst] 명 아침밥

"Is **breakfast** ready?"
아침밥이 준비 됐나요?
"No, not yet."
아니, 아직이야.

bridge [bridʒ] 명 다리

"How long is this **bridge**?"
이 다리는 길이가 얼마나 되니?
"It's about ten meters long."
약 10 미터야.

B

bright [brait] 혭 밝은, 빛나는
The moon is **bright** tonight.
오늘밤은 달이 밝다.

bring [briŋ] 동 가져오다, 데려오다
"**Bring** me some water."
물 좀 가져다 줘.
"Sure. Here you are."
그래. 여기 있어.

broke [brouk] 동 깨뜨렸다

★ **break** 의 과거형
"Who **broke** the window?"
누가 창문을 깼지?
"I did."
제가 그랬어요.

broken [bróukən] 혭 부서진, 깨진
There is a **broken** chair in this room.
이 방에는 부서진 의자가 하나 있다.

brother [brʌ́ðər] 명 형제

"How many **brothers** do you have?"
너는 형제가 몇 명 있니?
"I have no **brothers**, but have two sisters."
형제는 없고 누나만 둘 있어.

brought [brɔːt] 동 데려왔다

★ **bring** 의 과거형
I **brought** my dog with me.
나는 개를 데려왔다.

brown [braun] 명 갈색 형 갈색의

"My favorite color is **brown**. What's yours?"
내가 좋아하는 색깔은 갈색이야. 너는?
"Mine is blue."
난 파란색이야.

brush [brʌʃ] 명 솔, 브러시 동 솔질하다, 닦다

"Did you **brush** your teeth?"
이 닦았니?
"Not yet."
아직인데요.

B

build [bild] 통 세우다, 짓다
They are **building** a house.
그들은 집을 짓고 있다.

building [bíldiŋ] 명 건물, 빌딩
"How tall is that **building**?"
저 빌딩의 높이는 얼마나 되지?
"It's about 100 meters tall."
약 100 미터 높이야.

built [bilt] 통 세웠다
★ **build** 의 과거형
They **built** a church
in their town.
그들은 마을에 교회를
세웠다.

burn [bəːrn] 통 불타다 ; 태우다
"Fire **burns**."
불이 났어요.
"Where?"
어딘데?

burned [bəːrnd], **burnt** [bəːrnt] 통 불탔다

★ **burn** 의 과거형

"I **burned** the meat."

고기를 태웠어.

"Again?"

또야?

B

bus [bʌs] 명 버스

"I go to school by **bus**."

난 버스 타고 학교에 다녀.

"Me, too."

나도야.

business [bíznis] 명 사업, 볼일

His father is a man of **business**.

그의 아버지는 사업가다.

busy [bízi] 형 바쁜

"Are you **busy** now?"

지금 바쁘니?

"Yes. I'm **busy** with my homework."

응. 숙제하느라고 바빠.

B

but [bʌt] 웹 그러나
Mike is tall,
but his brother is taller.
마이크는 키가 크다,
그러나 그의 형은 더 크다.

butter [bʌ́tər] 몡 버터
"A pound of **butter**, please."
버터 1파운드 좀 주세요.
"Anything else?"
그 밖에 다른 것은요?

butterfly [bʌ́tərflài] 몡 나비
"I saw a yellow **butterfly** yesterday."
나는 어제 노랑나비를 봤어.
"Really? I saw a white one today."
정말? 나는 오늘 흰나비를 봤는데.

button [bʌ́tn] 몡 (의복의) 단추, (벨의) 누름단추
A **button** came off.
단추 하나가 떨어졌다.

buy [bai] 통 사다

Buy me that toy, please.

저 장난감 좀 사주세요.

by [bai] 전 …의 옆에, …에 의하여

"How do you go to school?"

학교에 어떻게 다니니 ?

"**By** bicycle."

자전거로 다녀요.

bye [bai] 감 안녕, 잘 가

"**Bye**, Jenny."

제니야, 잘 가.

"**Bye**, Johnny. See you."

안녕, 조니. 또 봐.

cabbage [kǽbidʒ] 몡 양배추
"Do you like **cabbages**?"
양배추 좋아하니?
"Yes, I do."
응, 좋아해.

cake [keik] 몡 케이크
"Would you like some **cake**?"
케이크 좀 줄까?

"Yes, please."
네, 주세요.

calendar [kǽlindər] 몡 달력
This is a **calendar**.
이것은 달력이다.

call [kɔːl] 〔동〕 부르다 ; 전화 걸다

"Who's **calling**, please?"

(전화에서) 누구세요 ?

"This is Tom."

톰이야.

C

came [keim] 〔동〕 왔다

★ **come** 의 과거형

Bo-ra **came** to see me.

보라가 나를 만나러 왔다.

camel [kǽməl] 〔명〕 낙타

A **camel** is a large animal.

낙타는 큰 동물이다.

camera [kǽmərə] 〔명〕 카메라

"May I help you?"

뭘 드릴까요 ?

"I need a film for my **camera**."

필름 한 통 주세요.

c

camp [kæmp] 명 캠프 동 캠프하다
"Let's go **camping**."
캠핑 가자.

"When?"
언제?

can¹ [kæn] 조 …할 수 있다
"**Can** you play tennis?"
테니스 할 줄 아니?
"Yes, I **can**."
응, 할 줄 알아.

can² [kæn] 명 깡통
These are empty **cans**.
이것들은 빈 깡통이다.

Canada [kǽnədə] 명 캐나다
Nancy is from **Canada**.
낸시는 캐나다에서 왔다.

candle [kǽndl] 명 양초

Su-jin lighted the **candle**.
수진이는 촛불을 켰다.

candy [kǽndi] 명 캔디, 사탕
The box was full of **candies**.
상자는 사탕으로 꽉 차 있었다.

can't [kænt] **can not** 의 단축형
"Can I watch TV?"
텔레비전 봐도 돼요?
"No, you **can't**."
아니, 안돼.

cap [kæp] 명 모자
"Will you take off your **cap**?"
모자 좀 벗어 줄래?
"Yes, I will."
네, 그러지요.
◆ take off (모자 등을) 벗다

c

capital [kǽpitl] 명 수도
"What's the **capital** of Korea?"
한국의 수도는 어디입니까?
"It's Seoul."
서울입니다.

captain [kǽptin] 명 장, 주장
In-ho is the **captain** of our team.
인호는 우리 팀 주장이다.

card [kɑːrd] 명 카드
"Here is a Christmas **card** for you."
여기 네 앞으로 크리스마스 카드가 왔다.
"Thanks."
고마워.

care [kɛər] 명 조심, 주의
"Please take **care** of yourself."
몸조심하세요.
"Thanks, I will."
고맙습니다, 그럴게요.

car [kɑːr] 몡 차

Cars

sports car 스포츠 카

taxi 택시

patrol-car 순찰차

racing car 경주용 차

ambulance 앰뷸런스

fire engine 소방차

truck 트럭

bus 버스

careful [kέərfəl] 혱 조심하는

"Be **careful** crossing the street."
길 건널 때 조심해라.
"Yes, Mom."
네, 엄마.

carpet [káːrpit] 몡 융단, 카펫
Mother bought a **carpet** yesterday.
어머니는 어제 카펫을 사셨다.

carrot [kǽrət] 몡 당근
He is carrying the **carrots**.
그는 당근을 나르고 있다.

carry [kǽri] 동 나르다, 가지고 가다
"Will you **carry** this bag for me?"
이 가방 좀 들어 주시겠어요?

"Oh, sure."
아, 그러죠.

case [keis] 명 상자, 케이스
"Whose pencil **case** is this?"
이거 누구 필통이니 ?
"It's mine."
내거야.

cassette [kəsét] 명 카세트 (플레이어)
I'd like to buy a **cassette**.
나는 카세트를 사고 싶다.

cat [kæt] 명 고양이
We have two **cats**.
우리는 고양이가 두 마리 있다.

catch [kætʃ] 동 잡다,
받다
"Now, **catch** this ball."
자, 이 공 받아봐.
"OK."
좋아.

caught [kɔːt] 동 붙잡았다

★ **catch** 의 과거형

The policewoman **caught** the man.

여자 경찰관이 그 사내를 붙잡았다.

ceiling [síːliŋ] 명 천장

There are some flies on the **ceiling**.

천장에 파리가 몇 마리 붙어 있다.

center [séntər] 명 중앙, 중심지

"Where is your school?"

학교는 어디에 있니?

"It is in the **center** of the town."

시내 중심지에 있어.

cereal [síəriəl] 명 곡식 ; 시리얼

"What's for snack?"

간식은 뭐예요?

"**Cereal**."

시리얼이야.

certain [sə́:rtin] 형 확실한
He is **certain** to come.
그가 오는 것은 확실하다.

certainly [sə́:rtinli] 부 확실히 ; 물론이오
"May I borrow your book?"
책 좀 빌려 주실래요 ?
"Certainly."
그러지요.

chair [tʃɛər] 명 의자

"Oh, this is a big **chair**."
야, 이 의자 크다.
"Yes, I can sleep in it."
그래, 거기서 잘 수도 있어.

chalk [tʃɔ:k] 명 분필
"Bring me a piece of **chalk**, please."
분필 하나 갖다 줄래 ?
"Here you are."
여기 있습니다.

c

chance [tʃæns] 명 기회

"Give me another **chance**."
한번 더 기회를 줘.
"All right."
좋아.

change [tʃeindʒ] 동 바꾸다 ; 변하다

I **changed** trains at Yongsan.
나는 용산에서 열차를 갈아탔다.

cheap [tʃiːp] 형 값이 싼 부 싸게

I bought the radio **cheap**.
나는 그 라디오를 싸게 샀다.

check [tʃek] 명 (미국에서) 수표 동 검사하다

"May I pay by **check**?"
수표로 지불해도 될까요?
"Yes, certainly.
네, 그럼요.

cheese [tʃiːz] 명 치즈
"Say **cheese**!"
자, 웃으세요.
"**Cheese**."
치 — 즈.

c

chicken [tʃíkin] 명 닭, 닭고기
We raise **chickens**.
우리는 닭을 키우고 있다.

child [tʃaild] 명 아이, 어린이
"You are not a **child**, now."
넌 이제 어린애가 아냐.

"But I'd like to
have that toy."
하지만 저 장난감을
갖고 싶은 걸요.

children [tʃíldrən] 명 **child**의 복수형
"How many **children** do you have?"
자녀분이 몇이세요?
"I have two sons."
아들이 둘이예요.

chin [tʃin] 몡 턱
He has a beard on his **chin**.
그는 턱수염을 기르고 있다.

China [tʃáinə] 몡 중국
China has many people.
중국은 인구가 많다.

chopstick [tʃápstìk] 몡 젓가락
"Can you use **chopsticks**?"
젓가락질 할 수 있니 ?
"Yes, I can."
그럼, 할 수 있지.

Christmas [krísməs] 몡 크리스마스
"Merry **Christmas**!"
메리 크리스마스 !
"Same to you."
너도.

church [tʃə:rtʃ] 명 교회

"Do you go to **church**?"
너는 교회에 다니니?
"Yes, I do."
응, 다녀.

circle [sə́:rkl] 명 원

A **circle** is round.
원은 둥글다.

city [síti] 명 시, 도시

"Where do you live?"
어디에 사십니까?
"In the **city** of Kuri."
구리시에 삽니다.

class [klæs] 명 학급 ; 수업

We have a **class** in English today.

오늘은 영어 수업이
있다.

Good morning, class.

classroom [klǽsrù(:)m] 명 교실

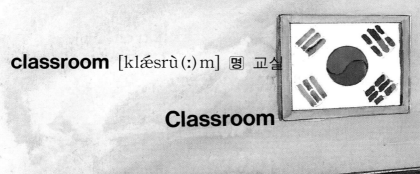

Classroom

blackboard 칠판

chair 의자

teacher 선생님

eraser
칠판 지우개

chalk 분필

bag 가방

classmate [klǽsmèit] 명 학급 친구, 동급생
"How do you know In-ho?"
인호를 어떻게 아니?
"We were **classmates** last year."
작년에 같은 반이었어.

C

clean [kliːn] 형 깨끗한 동 청소하다
"Did you **clean** your room?"
네 방 청소했니?
"No, not yet."
아니오, 아직.

clear [kliər] 형 맑게 갠 동 치우다
The sky is **clear** today.
오늘은 하늘이 맑다.

climb [klaim] 동 오르다

"I like to **climb** mountains."
나는 등산을 좋아해.
"Do you?"
그래?

clock [klɑk] 명 탁상 시계, 괘종 시계

"There is a **clock** on the desk."
책상 위에 시계가 있네.
"It's my alarm **clock**."
내 자명종 시계야.

C

close¹ [klouz] 동 닫다

"**Close** the window, Su-jin?"
수진아, 창문 좀 닫아 줄래 ?
"Yes."
네.

close² [klous] 형 가까운 ; 친한

"Do you know him well?"
그를 잘 아니 ?
"Yes, he is a **close** friend of mine."
응, 친한 친구야.

cloud [klaud] 명 구름

"It's a beautiful day."
멋진 날이야.
"Yes, there is not a **cloud** in the sky."
맞아, 하늘에는 구름 한 점 없어.

clothes [klouðz] 명 옷

Clothes

pajamas 파자마

slip 슬립

raincoat 비옷

T-shirt T셔츠

sweater 스웨터

jeans 진(바지)

umbrella 우산

handkerchief 손수건

handbag
핸드백

belt 벨트   **socks** 양말   **tie** 넥타이   **hat** 모자

blouse 블라우스

dress 드레스

overall 오버올

baseball cap
야구 모자

suit 양복

loves 글러브

uniform 유니폼

pants 바지

shoes 구두

shorts 짧은 바지

scarf 스카프

club [klʌb] 명 클럽

"Which **club** are you in?"
너는 어떤 클럽에 들었니?
"I'm in the baseball **club**."
나는 야구부에 들었어.

coat [kout] 명 외투, 코트
"Put on your **coat**."
외투를 입어라.
"Is it cold outside?"
바깥이 추워요?

coffee [kɔ́:fi] 명 커피
"Will you have a cup of **coffee**?"
커피 한 잔 하시겠어요?
"OK."
좋지.

coin [kɔin] 명 동전
"This **coin** is big."
이 동전은 크다.
"Yes. It's a 500 won **coin**."
그래, 그건 500 원짜리 동전이야.

cold [kould] 명 추위 ; 감기 형 추운, 찬

"I don't like the **cold** of winter."
나는 겨울 추위가 싫어.
"Me neither."
나도.

college [kάlidʒ] 명 단과 대학

"I'd like to go to **college**."
나는 대학에 가고 싶어요.
"Then, study hard."
그럼, 열심히 공부해라.

comb [koum] 명 빗 동 빗다

"Go **comb** your hair."
가서 머리 좀 빗어라.
"Yes, Mom."
알았어요, 엄마.

come [kʌm] 동 오다

"May I **come** in?"
들어가도 될까요?
"Yes, please."
네, 들어오세요.

color [kʌ́lər] 명 색깔

Colors

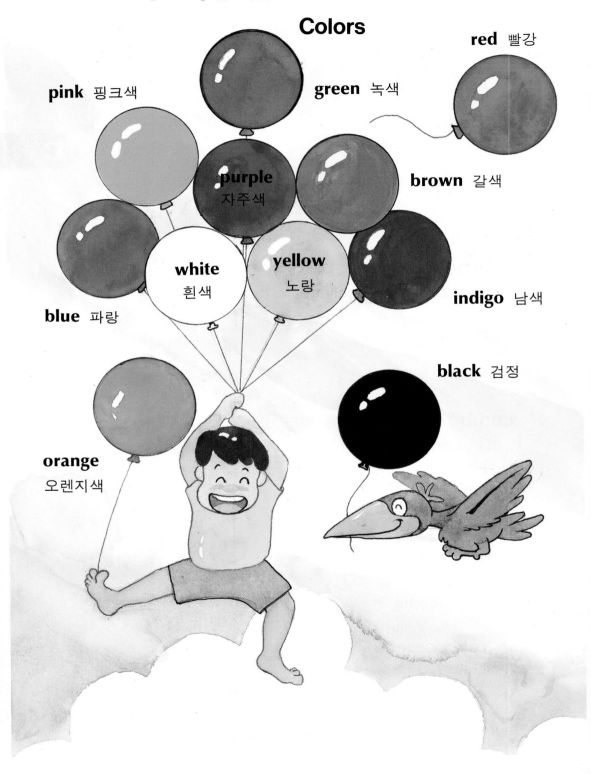

pink 핑크색

green 녹색

red 빨강

purple 자주색

brown 갈색

white 흰색

yellow 노랑

blue 파랑

indigo 남색

black 검정

orange 오렌지색

comic [kámik] 혱 희극의 ; 만화의

I like **comic** books.

나는 만화책을 좋아한다.

computer [kəmpjúːtər] 몡 컴퓨터

"Can you use **computers**?"

컴퓨터 할 줄 아니 ?

"No, I can't."

아니, 못해.

cone [koun] 몡 원뿔꼴 ; (아이스크림 담는) 콘

"Give me an ice-cream **cone**."

아이스크림 콘 하나 주세요.

"Here you are."

여기 있어요.

cook [kuk] 몡 요리사 동 요리하다

Mom is a good **cook**.

엄마는 요리를 잘 하신다.

C

cookie [kúki] 몡 과자, 쿠키
"May I have some **cookies**?"
과자 좀 먹어도 돼요?
"Please help yourself."
마음대로 먹어라.

cool [kuːl] 몡 시원한 ; 식은
It is **cool** in September.
9 월에는 시원하다.

copy [kápi] 몡 사본, 복사
"How many **copies** shall I make?"
복사를 몇 부 할까요?
"Ten **copies**, please."
10 부 부탁해요.

corn [kɔːɾn] 몡 옥수수

"What is this?"
이것은 무엇입니까?
"It's a **corn**."
옥수수입니다.

corner [kɔ́ːrnər] 명 모퉁이 ; 구석

"Where is the bookstore?"

서점은 어디에 있니 ?

"At the **corner**."

모퉁이에 있어.

cough [kɔːf] 명 기침

"Is your **cough** better this morning?"

오늘 아침엔 기침이 좀 나았니 ?

"It's much better than yesterday."

어제보다는 훨씬 나아요.

could [kud] 조 **can** 의 과거형

I **could** not stay any longer.

나는 더 이상 머무를 수가 없었다.

count [kaunt] 동 세다, 계산하다

"**Count** from one to ten."

1 에서 10 까지 세어 봐라.

"In English?"

영어로요 ?

country [kʌ́ntri] 명 나라, 국가
"Australia is a large **country**."
오스트레일리아는 큰 나라야.
"Yes."
맞아.

course [kɔːrs] 명 진로 ; 과정
"Could I have a look at the room?"
방을 좀 보여 주시겠어요 ?
"Of **course**."
물론이지요.
◆ of course 물론

cousin [kʌ́zn] 명 사촌
"How many **cousins** do you have?"
너는 사촌들이 몇이나 되니 ?
"Two."
2 명이야.

cover [kʌ́vər] 명 뚜껑, 덮개 동 덮다
Snow **covered** the whole city.
눈이 온 도시를 덮었다.

cow [kau] 명 암소, 젖소

Cows give us milk.
젖소는 우리에게 우유를
준다.

crayon [kréiən] 명 크레용
"Draw a picture with **crayons**."
크레용으로 그림을 그려라.
"I have no **crayons**."
크레용이 없어요.

cream [kri:m] 명 크림, 크림 과자
"An ice **cream**, please."
아이스크림 하나 주세요.
"Wait a second."
잠깐 기다리세요.

crocodile [krάkədàil] 명 악어
I am afraid of a **crocodile**.
나는 악어가 무섭다.
◆ be afraid of …을
두려워하다

cross [krɔːs] 통 가로지르다, 건너다

"The light is green."

파란불이야.

"Let's **cross** the street."

길을 건너자.

cry [krai] 통 소리치다 ; 울다

"Why are you **crying**?"

왜 울고 있니 ?

"I'm lost."

길을 잃었어요.

cucumber [kjúːkʌmbər] 명 오이

A **cucumber** is long and green.

오이는 길고 녹색이다.

cup [kʌp] 명 컵, 잔

"How about a **cup** of coffee?"

커피 한 잔 어때 ?

"Sounds great."

좋지.

curtain [kə́:rtn] 명 커튼

"Will you open the **curtain**?"

커튼 좀 열어 주시겠어요 ?

"Yes, I will."

네, 그러지요.

c

cut [kʌt] 동 베다 ; 깎다

"How do you want it?"

어떻게 해 줄까 ?

"**Cut** it short, please."

짧게 잘라주세요.

★ 과거형 **cut** [kʌt]

cute [kjuːt] 형 귀여운, 예쁜

"Look at that baby."

저 아기 좀 봐.

"How **cute**!"

아이, 귀여워라 !

D

dad [dæd], **daddy** [dǽdi] 몡 아빠

"Good night, **Dad**."
아빠, 안녕히 주무세요.
"Good night, Judy."
잘자라, 주디야.

dam [dæm] 몡 댐 ; 둑
They built a **dam** across
a river.
그들은 강에 댐을 건설했다.

damage [dǽmidʒ] 몡 손해, 피해
"That was a bad flood."
홍수가 심하게 났어.
"Yes, it did a lot of **damage**."
그래, 피해가 많았지.

dance [dæns] 명 춤 동 춤추다

"Will you **dance** with me?"
나랑 춤출래 ?
"Sure."
그래.

D

danger [déindʒər] 명 위험
Danger! Under repair.
위험 ! 공사 중.

dark [dɑːrk] 형 어두운
"It's getting **dark**."
어두워지고 있어.
"Let's go home now."
이제 집에 가자.

date [deit] 명 날짜
"What's the **date** today?"
오늘이 몇월 며칠이니 ?
"It's September 1."
9월 1일인데요.

daughter [dɔ́ːtər] 명 딸

"How many children do you have?"
자녀분이 몇이세요?
"I have two **daughters**."
딸이 둘입니다.

day [dei] 명 하루, 날 ; 낮

"What **day** is today?"
오늘은 무슨 요일이니?
"It's Monday."
월요일이야.

dead [ded] 형 죽은

The chick was **dead**.
병아리가 죽었다.

dear [diər] 형 사랑스러운

In-su is a **dear** friend of mine.
인수는 나의 사랑스러운 친구다.

December [disémbər] 명 12월

We have Christmas in **December**.
12월에는 크리스마스가 있다.

D

decide [disáid] 동 결정하다, 결심하다

I **decided** to be a teacher.
나는 선생님이 되기로 결심했다.

deep [diːp] 형 깊은

"How **deep** is the snow?"
눈이 얼마나 쌓여 있니?
"It's about one meter **deep**."
한 1미터 쯤 돼.

deer [diər] 명 사슴

"Look! There is a **deer**."
봐라! 사슴이 있다.
"Oh, I see it."
아, 정말 그러네.

delicious [dilíʃəs] 형 맛있는

"How was the pumpkin pie?"
호박 파이 어땠니?
"Delicious."
맛있었어.

department [dipá:rtmənt] 명 부 ; 매장
The toy **department** is on the fifth floor.
장난감 매장은 5 층에 있다.

department store [dipá:rtmənt stɔ́:r] 명 백화점
"Everything is on sale at the **department store**."
백화점에서 세일해.
"Really?"
정말?

desk [desk] 명 책상
"What is on the **desk**?"
책상 위에는 무엇이 있습니까?
"There are some pencils."
연필이 몇 자루 있습니다.

dessert [dizə́ːrt] 명 디저트, 후식

"What do you want for **dessert**?"
디저트는 뭘 드시겠습니까 ?
"Ice cream, please."
아이스크림으로 주세요.

D

dial [dáiəl] 명 다이얼 동 전화를 걸다

Judy **dialed** Tom.
주디는 톰에게 전
화했다.

diary [dáiəri] 명 일기, 일기장

I keep a **diary** every day.
나는 매일 일기를 쓴다.
◆ keep a diary 일기를 쓰다

dictionary [díkʃənèri] 명 사전

"May I use your **dictionary**?"
사전을 빌려 주시겠습니까 ?
"Yes, certainly."
네, 그러지요.

did [did] 동조 했다, 행하였다

★ **do** 의 과거형
"**Did** you read the book?"
그 책 읽었니?
"Yes, I **did**."
응, 읽었어.

die [dai] 동 죽다
She **died** young.
그녀는 젊어서 죽었다.

different [dífərənt] 형 다른
"My idea is **different** from yours."
내 생각은 네 생각과 달라.
"What is your idea?"
네 생각은 어떤데?

difficult [dífikʌlt] 형 어려운
"How was the exam?"
시험은 어땠니?
"It was very **difficult**."
아주 어려웠어.

dining room [dáiniŋ rù(:)m] 명 식당

Dining room

napkin 냅킨

dish 접시

glass 컵

table 식탁

chopsticks
젓가락

spoon
숟가락

chair 의자

dinner [dínər] 몡 저녁 식사
"**Dinner** is ready."
저녁 식사 준비됐다.
"I'm coming."
지금 가요.

dirty [də́ːrti] 혱 더러운
"Wash your **dirty** hands."
더러운 손을 씻어라.
"Yes, Mom."
네, 엄마.

discover [diskʌ́vər] 됩 발견하다
"Who **discovered** America?"
아메리카는 누가 발견했니?

"Columbus."
콜럼버스야.

dish [diʃ] 몡 접시
My mother washes the **dishes**.
어머니는 접시를 닦으신다.

dive [daiv] 동 뛰어들다, 뛰어내리다
Tom **dived** into the
water.
톰은 물속으로
뛰어들었다.

do [duː] 동 조 하다, 행하다
"What can I **do** for you?"
(상점에서) 무엇을 드릴까요?
"I'm looking for a vase."
꽃병을 찾는데요.

doctor [dáktər] 명 의사

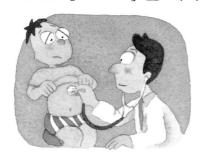

"I have a cold."
나 감기 걸렸어.
"Go and see the **doctor**."
의사에게 가서 진찰받아봐.

does [dʌz] 동 **do**의 3인칭 단수 현재형
"**Does** Ann cook well?"
앤은 요리를 잘 하니?
"No, she **does**n't."
아니, 못해.

dog [dɔːg] 몡 개

"Do you like **dogs**?"
개를 좋아하니?
"No, I don't."
아니, 좋아하지 않아.

doll [dɑl] 몡 인형

"I'm looking for a **doll**."
인형을 찾는데요.
"How about this one?"
이건 어떠세요?

dollar [dálər] 몡 달러

"How much is this pen?"
이 펜 얼마입니까?
"It's ten **dollars**."
10달러입니다.

dolphin [dálfin] 몡 돌고래

"What are you looking at?"
뭘 보고 있니?
"Oh, **dolphins**."
응, 돌고래.

don't [dount] **do not** 의 단축형
"You like movies, **don't** you?"
너 영화 좋아하지, 그렇지?
"Yes, of course."
그럼, 물론이지.

door [dɔːr] 몡 문
"Open the **door**, Tom."
문좀 열어라, 톰.
"Yes, Dad."
네, 아빠.

down [daun] 튀 아래로
"Please sit **down**."
좀 앉으세요.

"Thank you."
고맙습니다.

downstairs [dáunstɛ́ərz] 튀 아래층으로
Come **downstairs**!
아래층으로 내려오너라!

drank [dræŋk] 통 마셨다

★ **drink** 의 과거형

I **drank** a glass of water.

나는 물 한 컵을 마셨다.

draw [drɔ:] 통 끌다 ; 그리다

"Will you **draw** the curtains, Judy?"

주디야, 커튼 좀 쳐 주겠니 ?

"All right, Mom."

그럴게요, 엄마.

★ 과거형 **drew** [dru:]

dream [dri:m] 명 꿈 통 꿈을 꾸다

In-ho had a **dream** last night.

인호는 어젯밤에 꿈을 꾸었다.

dreamed [dri:md], **dreamt** [dremt] 통 꿈을 꾸었다

★ **dream** 의 과거형

I **dreamt** all night.

나는 밤새 꿈을 꾸었다.

dress [dres] 명 드레스 ; 의복

"What a nice **dress** you're wearing!"

멋진 드레스를 입고 있구나 !

"Thank you."

고마워.

drink [driŋk] 명 마실 것 동 마시다

"How about something to **drink**?"

마실 것 좀 줄까 ?

"Orange juice, please."

오렌지 주스 주세요.

D

drive [draiv] 명 차를 몰기 동 운전하다

"Can you **drive** a car?"

너 자동차 운전할 줄 아니 ?

"No, I can't."

아니, 못해.

★ 과거형 **drove** [drouv]

drop [drɑp] 동 떨어뜨리다

"Don't **drop** the dishes."

접시 떨어뜨리지 마라.

"All right."

알았어요.

D

drum [drʌm] 명 북, 드럼
   "Tom beats the **drum** in the band."
   톰은 밴드에서 드럼을 쳐.
   "Oh, really?"
   오, 그래 ?

dry [drai] 형 마른
   "Give me a **dry** towel."
   마른 수건 좀 주세요.
   "Here you are."
   여기 있다.

duck [dʌk] 명 오리
   Ducks can swim.
   오리들은 헤엄칠 수 있다.

during [djú(ː)riŋ] 전 …동안, …사이에
   "Was it raining **during** your trip?"
   여행하는 동안 줄곧 비가 왔니 ?
   "No, the first ten days were fine."
   아니, 처음 열흘간은 맑았어.

dust [dʌst] 명 먼지

The piano is covered with **dust**.

피아노는 먼지투성이다.

D

each [iːtʃ] 때 각자 혱 각자의

Each man has his own name.

사람에게는 각자 이름이 있다.

ear [iə𝑟] 몡 귀

"Tom can move his **ears**."

톰은 귀를 움직일 수 있어.

"I can do it, too."

나도 할 수 있어.

early [ə́ː𝑟li] 혱 이른 뷔 일찍

"Does your brother get up **early**?"

네 형은 일찍 일어나니?

"Yes, he does."

응, 일찍 일어나.

◆ get up 일어나다

earth [əːrθ] 명 지구

Earth

north 북

land 육지

lake 호수

west 서

beach 해변

east 동

desert 사막

ocean 대양

south 남

planets 행성

east [iːst] 똉 동쪽

The sun rises in the **east**.
해는 동쪽
에서 뜬다.

easy [íːzi] 똉 쉬운

"How was the test?"
시험은 어땠니?
"It was **easy**."
쉬웠어.

eat [iːt] 똉 먹다

"What do you want to **eat**?"
뭘 먹고 싶니?
"Let's have pizza."
피자 먹자.

egg [eg] 똉 계란

"How do you like your
eggs?"
계란을 어떻게 해줄까?
"Fried, please."
프라이로 해주세요.

eight [eit] 명 8, 8살 형 8의, 8살의

My sister is **eight** years old.

내 여동생은 여덟살이다.

eighteen [èití:n] 명 18, 18살 형 18의, 18살의

"How much is this watch?"

이 시계 얼마죠?

"It's **eighteen** dollars."

18달러인데요.

eighth [eitθ] 명 여덟번째, 8일 형 여덟번째의

My birthday is May the **eighth**.

내 생일은 5월 8일이다.

eighty [éiti] 명 80, 80살 형 80의, 80살의

Thirty and fifty make **eighty**.

30 더하기 50은 80이다.

either [íːðər] 부 ··· 도 또한

"I don't like cats."
나는 고양이를 좋아하지 않아.
"I don't like it, **either.**"
나도 그래.

elbow [élbou] 명 팔꿈치

Keep your **elbows** off the table.
테이블에 팔꿈치를 대지 마라.

elder [éldər] 형 손위의

Tom is my **elder** brother.
톰은 나의 형이다.

eldest [éldist] 형 제일 손위의

"How old is your **eldest** brother?"
큰형은 몇 살이니?
"He is twelve."
열두살이야.

elephant [élifənt] 몡 코끼리
An **elephant** is very strong.
코끼리는 매우 힘이 세다.

E

elevator [éliveitər] 몡 엘리베이터
"Oh, here is the **elevator**."
아, 엘리베이터가 왔다.
"Go on, you first."
자, 먼저 타.

eleven [ilévn] 몡 11, 11살 몡 11의, 11살의
"We lost the game by **eleven** to one."
우리는 그 시합에서 11 대 1로 졌어.
"That's too bad."
안됐다.

eleventh [ilévnθ] 몡 열한번째,
11일 몡 열한번째의
"When is your birthday?"
네 생일 언제니?
"It's July the **eleventh**."
7월 11일이야.

else [els] 부 그 밖에
"Do you want anything **else**?"
그 밖에 무엇이 필요하십니까?
"No, thank you."
아니오, 됐습니다.

empty [émpti] 형 빈
"What is in the box?"
상자에 무엇이 들어 있니?
"It is **empty**."
비었어.

end [end] 명 끝, 마지막
"This is the **end**."
이것으로 끝.
"Oh, no!"
어, 벌써 끝이야!

engine [éndʒin] 명 엔진

"The **engine** stopped."
엔진이 꺼졌어.
"Start it again, then."
그럼, 시동을 다시 걸어.

England [íŋglənd] 몡 영국

"What's the capital of **England**?"

영국의 수도는 어디입니까?

"It's London."

런던입니다.

English [íŋgliʃ] 몡 영어 ; 영국 사람

"Are you **English**?"

당신은 영국 사람입니까?

"Yes, I am."

네, 그렇습니다.

enjoy [indʒɔ́i] 동 즐기다

"How did you **enjoy** your trip?"

여행은 즐거웠니?

"I really **enjoyed** it."

정말 즐거웠어.

enough [ináf] 몡 충분 혱 충분한

"Did you have **enough**?"

실컷 먹었니?

"Sure."

응.

enter [éntər] 동 들어가다

"May I **enter**?"

들어가도 됩니까?

"Of course, please do."

그럼요, 들어오세요.

equal [í:kwəl] 형 같은

Ducks are **equal** in size.

오리들은 크기가 같다.

eraser [iréisər] 명 지우개

"Can I borrow your **eraser**?"

지우개 좀 빌려 줄래?

"Sure. Here."

그래, 여기 있어.

Europe [jú(:)rəp] 명 유럽

My father is traveling in **Europe**.

아버지는 유럽 여행 중이시다.

even [íːvən] 부 …조차(도), …까지
Even a child can do it.
어린아이조차도 그것을 할 수 있다.

evening [íːvniŋ] 명 저녁
"Good **evening**, Tom."
안녕, 톰.
"Good **evening**, In-ho."
안녕, 인호.

ever [évər] 부 이제까지, 지금까지

"Did you **ever** hear the song?"
그 노래 들어 봤니?
"No, never."
아니, 못들어 봤어.

every [évri] 형 모든, …마다
I run for an hour **every** morning.
나는 아침마다 1시간씩 달린다.

everybody [évribàdi] 때 각자 모두

"Good morning, **everybody**."
여러분, 안녕하세요.
"Good morning, Mrs. Min."
안녕하세요, 민선생님.

everyone [évriwʌ̀n] 때 모든 사람, 누구나
Everyone knows the earth is round.
지구가 둥글다는 것은 누구나 알고 있다.

everything [évriθìŋ] 때 모든 것
"Thank you for **everything**."
여러 가지로 고맙습니다.
"You're welcome."
천만에요.

everywhere [évri*h*wɛ̀ər] 부 어디에나, 도처에
"I can't find my keys."
열쇠가 보이지 않아.
"Did you look **everywhere**?"
다 찾아 봤니?

exact [igzǽkt] 형 정확한

"What is the **exact** time?"

정확한 시각은 몇 시입니까?

"It's just 10 o'clock."

정각 10시입니다.

exactly [igzǽktli] 부 정확하게

"Be here at **exactly** eight o'clock."

8시 정각에 이곳에 있어라.

"OK."

알았어.

examination [igzæminéiʃən] 명 시험

I took an **examination** today.

나는 오늘 시험을 보았다.

◆ 단축형 **exam**

example [igzǽmpl] 명 보기, 예

"Please give me an **example**."

예를 하나 들어 주세요.

"Sure, I will."

좋아, 그러지.

excellent [éksələnt] 형 우수한, 뛰어난

In-ho is an **excellent** student.

인호는 우수한 학생이다.

excite [iksáit] 동 흥분시키다

The game **excited** us.

그 시합은 우리를 흥분시켰다.

excuse [ikskjúːz] 동 용서하다

"**Excuse** me."

죄송합니다.

"That's all right."

괜찮습니다.

exercise [éksərsàiz] 명 연습 ; 운동

"I take **exercise** every day."

나는 매일 운동을 해.

"Me, too."

나도.

exit [égzit] 몡 출구

"Where is the **exit**?"
출구는 어디입니까?
"It's over there."
저쪽입니다.

expect [ikspékt] 동 기대하다, 예상하다

"Will he come?"
그가 올까?
"I **expect** so."
아마 그럴거야.

eye [ai] 몡 눈

"Mary has pretty **eyes**."
메리 눈은 예뻐.
"Yes, she looks like a doll."
맞아, 마치 인형 같애.

face [feis] 몡 얼굴
"Wash your **face**, In-ho."
인호야, 세수해라.
"Yes, Mom."
네, 엄마.

F

fact [fækt] 몡 사실
"Is that true?"
그게 사실이니?
"It's a **fact**."
사실이야.

factory [fǽktəri] 몡 공장
My brother works in the **factory**.
우리 형은 공장에서 일한다.

fail [feil] 통 실패하다
Our plans **failed**.
우리 계획은 실패했다.

fair [fɛər] 형 공평한 ; 정정당당한
That's not **fair**.
그것은 공평하지 않다.

fall [fɔːl] 명 (미국) 가을 통 떨어지다 ; 넘어지다
"Don't **fall** off the tree."
나무에서 떨어지면 안돼.
"Don't worry."
염려마.

F

famous [féiməs] 형 유명한
He is a **famous** pianist.
그는 유명한 피아니스트다.

family [fǽməli] 몡 가족

Family

 **grandmother** **grandfather**

할머니 할아버지

father 아버지 **mother** 어머니 **aunt** **uncle**

작은 어머니 작은 아버지

I 나 **brother** 남동생 **sister** 여동생

far [faːr] 부 멀리

"How **far** is it from here to your house?"
너의 집은 여기서 얼마나 되니 ?
"It's about five minutes' walk."
걸어서 약 5 분 거리야.

farmer [fáːrmər] 명 농부

These days **farmers** use machines.
오늘날 농부들은 기계를 사용한다.

fast [fæst] 형 빠른

My watch is 3 minutes **fast**.
내 시계는 3 분 빠르다.

fat [fæt] 형 살찐, 뚱뚱한

"My cat is too **fat**."
우리 고양이는 살이 너무 쪘어.
"Well, I don't think so."
글쎄, 그런 것 같지 않은데.

farm [fɑːrm] 몡 농장   **Farm**

cow 암소

horse 말

calf 송아지

fence 울타리

well 우물

dog 개

sheep 양

rabbit 토끼

goat 염소

pond 연못

tractor 트랙터

hay 건초

mouse 생쥐

hen 암탉

rooster 수탉

pig 돼지

father [fáːðər] 몡 아버지
This is my **father**.
이 분이 나의 아버지시다.
Judy's **father** is a teacher.
주디의 아버지는 선생님이시다.

F

favor [féivər] 몡 호의 ; 부탁
"Will you do me a **favor**?"
부탁 하나 들어 줄래 ?
"Of course."
물론이지.

favorite [féivərit] 혱 좋아하는, 마음에 드는
Baseball is my **favorite** sport.
야구는 내가 좋아하는 운동이다.

February [fébruèri] 몡 2 월
February is the shortest month.
2 월은 가장 짧은 달이다.

feed [fiːd] 图 먹이를 주다, 모이를 주다
Mike **feeds** the dog.
마이크는 개에게 먹이를 준다.
Johny **feeds** the birds.
조니는 새들에게 모이를 준다.

feel [fiːl] 图 만지다 ; 느끼다
"How do you **feel** now?"
지금은 좀 어떠세요?
"Much better, thank you."
덕분에 많이 좋아졌어요.

F

feet [fiːt] 图 foot의 복수형
Tom is five **feet** three tall.
톰은 키가 5 피트 3 인치다.
A dog has four **feet**.
개는 다리가 넷이다.

fell [fel] 图 떨어졌다
★ **fall** 의 과거형
Apples **fell** off the tree.
사과들이 나무에서 떨어졌다.

few [fjuː] 형 거의 없는 ; 조금은 있는
He has **few** friends.
그는 친구가 거의 없다.
Bo-ra has a **few** dolls.
보라는 인형이 몇 개 있다.

field [fiːld] 명 들, 밭 ; 경기장
We planted corn in this **field**.
우리는 이 밭에 옥수수를 심었다.

fifteen [fìftíːn] 명 15, 15 살 형 15 의, 15 살의
Ten and five are **fifteen**.
10 더하기 5 는 15 다.
I'm **fifteen** years old.
나는 15 살이다.

fifth [fifθ] 명 다섯번째, 5 일 형 다섯번째의
"Today is the **fifth** of May."
오늘은 5 월 5 일이야.
"Yes, it's Children's Day."
그래, 어린이날이지.

fifty [fífti] 명 50, 50 살 형 50 의, 50 살의
Five times ten equals **fifty**.
5 곱하기 10 은 50 이다.
She is under **fifty**.
그녀는 50 살이 안됐다.

fight [fait] 동 싸우다
We **fight** for our country.
우리는 조국을 위해 싸운다.
They began to **fight**.
그들은 싸우기 시작했다.

fill [fil] 동 채우다 ; 가득 차다
Fill the glass with milk.
컵에 우유를 가득 따라라.
The hall **filled** soon.
홀은 곧 가득찼다.

film [film] 명 필름
"Two rolls of **film**, please."
필름 두 통 주세요.
"Five thousand won."
5 천원입니다.

find [faind] 图 찾아내다, 발견하다

She **finds** them under the bed.
그녀는 그것들을 침대 밑에서 찾아낸다.
Please **find** my bag for me.
내 가방 좀 찾아 주세요.

fine [fain] 图 훌륭한 ; 건강한

"How are you?"
안녕하세요.
"I'm **fine**, thank you."
덕분에 잘 지냅니다.

finger [fíŋgər] 图 손가락

I cut my **finger** with a knife.
나는 칼에 손가락을 베었다.
Each hand has five **fingers**.
손에는 다섯개의 손가락이 있다.

finish [fíniʃ] 图 끝내다, 마치다

"**Finish** your homework before dinner."
저녁 식사 전에 숙제를 마쳐라.
"All right."
네.

fire [faiər] 명 불, 화재
"Sit down by the **fire**."
불가에 앉아.
"Thank you."
고마워.

first [fəːrst] 형 첫번째의, 맨처음의 부 첫번째로
"Let me speak **first**."
내가 먼저 말할게.
"OK. Go ahead."
좋아. 어서 말해봐.

F

fishing [fíʃiŋ] 명 낚시질
In-ho's father likes **fishing**.
인호 아버지는 낚시질을 좋아하신다.

five [faiv] 명 5, 5 살 형 5 의, 5 살의
"How about **five** minus three?"
5 빼기 3 은?
"Two, of course."
물론 2 지.

fish [fiʃ] 명 물고기

Fishes

swordfish 황새치

trout 송어

salmon 연어

eel 뱀장어

tuna 다랑어

octopus 낙지

cod 대구

shark 상어

catfish 메기

stingray 노랑가오리

flatfish 넙치

fix [fiks] 통 고정시키다 ; 고치다
"I **fixed** my bike."
내가 내 자전거를 고쳤어.
"Oh, really?"
아, 정말?

flag [flæg] 명 기
This is the **flag** of Korea.
이것은 한국 국기다.
Every country has its own **flag**.
모든 국가는 자기 나라 국기를 가지고 있다.

F

flew [flu:] 통 날았다, 날아갔다

★ **fly**[1] 의 과거형
The airplane **flew** south.
그 비행기는 남쪽으로 날아갔다.

floor [flɔ:r] 명 바닥, 마루 ; 층
Let's sit on the **floor**.
방바닥에 앉읍시다.
Mom's office is on the second **floor**.
엄마 사무실은 2층에 있다.

flower [fláuər] 명 꽃

Flowers

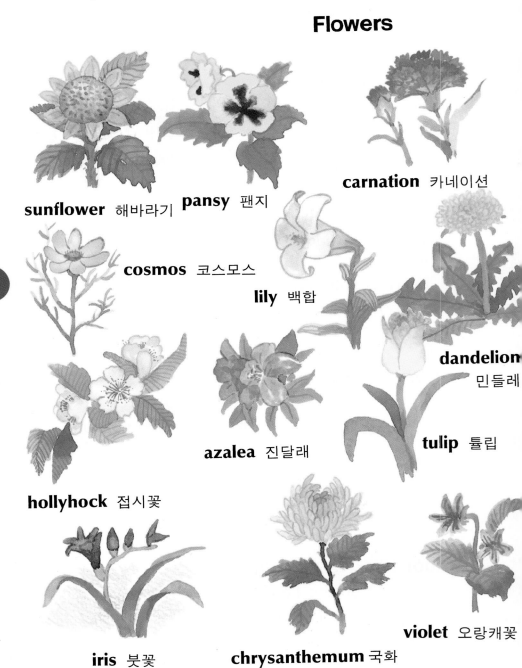

sunflower 해바라기　**pansy** 팬지

carnation 카네이션

cosmos 코스모스

lily 백합

dandelion
민들레

azalea 진달래

tulip 튤립

hollyhock 접시꽃

violet 오랑캐꽃

iris 붓꽃　　**chrysanthemum** 국화

F

lily of the valley 은방울꽃

sweet pea
스위트 피

hyacinth 히아신스

daisy 데이지

geranium 제라늄

lotus 연꽃

narcissus 수선화

rose 장미

morning glory 나팔꽃

flow [flou] 통 흐르다
All rivers **flow** into the sea.
모든 강은 바다로 흐른다.
Ten years **flowed** away.
10 년의 세월이 흘렀다.

fly¹ [flai] 통 날다 ; 날리고 있다
I want to **fly** like a bird.
나는 새처럼 날고 싶다.

F

fly² [flai] 명 파리
Flies like dirty places.
파리는 더러운 곳을 좋아한다.
A **fly** is an insect.
파리는 곤충이다.
★ 복수형 **flies** [flaiz]

follow [fálou] 통 따라가다 ; 따르다
My dog always **follows** me.
내 개는 늘 나를 따라다닌다.

food [fuːd] 명 음식

Foods

pie 파이

ham 햄

salad 샐러드

sausage 소시지

corn 옥수수

curry and rice 카레 라이스

noodles 국수

milk 우유

bread 빵

hamburger 햄버거

fool [fuːl] 명 바보
I was a **fool**.
내가 바보였다.
Don't make a **fool** of me.
나를 바보 취급하지 마라.

foolish [fúːliʃ] 형 어리석은
That was really **foolish**.
그것은 정말 어리석었다.
Don't be **foolish**.
어리석은 짓 하지 마라.

foot [fut] 명 발 ; 피트
"What size is your **foot**?"
발 사이즈가 얼마니 ?
"It's twenty centimeters."
20 센티미터야.

football [fútbɔ̀ːl] 명 축구
I like **football**.
나는 축구를 좋아한다.

for [fɔ:r] 젠 …을 위해서 ; …하기 위해서

"This is a present **for** you."
이거 네 선물이야.
"Oh, thank you."
아, 고맙습니다.

forget [fərgét] 통 잊다
Don't **forget** to write to me.
내게 편지하는 거 잊지 마라.
I'll never **forget** your name.
나는 결코 네 이름을 잊지 않을 것이다.

F

forgive [fərgív] 통 용서하다
Jin-a **forgave** her friend.
진아는 친구를 용서했다.
Please **forgive** me.
나를 용서해 주세요.
★ 과거형 **forgave** [fərgéiv]

forgot [fərgát] 통 잊어버렸다
★ **forget** 의 과거형
"What's his name?"
그 사람 이름이 뭐더라?
"I **forgot**."
잊어버렸어.

fork [fɔːrk] 몡 포크

I ate with a knife and **fork**.

나는 나이프와 포크로 먹는다.

form [fɔːrm] 몡 모양 ; 형태

Clouds have many different **forms**.

구름은 여러 다양한 모양을 띤다.

forty [fɔ́ːrti] 몡 40, 40 살 휑 40 의, 40 살의

"How much is this watch?"

이 시계는 얼마입니까 ?

"**Forty** dollars."

40 달러야.

found [faund] 동 찾았다

★ **find** 의 과거형

He **found** a baseball bat.

그는 야구 배트를 찾았다.

four [fɔ:r] 명 4, 4 살　형 4 의, 4 살의

"How large is your family?"

식구는 몇명입니까?

"There are **four** people."

네 명입니다.

fourteen [fɔ̀:rtí:n] 명 14, 14 살　형 14 의, 14 살의

My sister is **fourteen**.

언니는 14 살이다.

fourth [fɔ:rθ] 명 네번째, 4 일　형 네번째의

It's the **fourth** of August today.

오늘은 8 월 4 일이다.

fox [fɑks] 명 여우

A **fox** is a wild animal.

여우는 야생 동물이다.

A **fox** lives in a hole.

여우는 굴속에서 산다.

France [fræns] 명 프랑스

"Where is Paris?"

파리는 어디에 있니?

"It's in **France**."

프랑스에 있어.

◆ **French** [frentʃ] 명 프랑
스어 ; 프랑스 사람

F

free [fri:] 형 자유로운 ; 한가한 ; 무료의

"Are you **free** tomorrow?"

내일 시간 있니?

"In the morning, yes."

오전에는 있어.

fresh [freʃ] 형 새로운 ; 싱싱한 ; 맑은

The air is **fresh**.

공기가 맑다.

Vegetables are **fresh**.

채소가 싱싱하다.

Friday [fráidi] 명 금요일

Please come on **Friday**.

금요일에 오십시오.

friend [frend] 몡 친구

"Is the letter from your **friend**?"

그 편지 친구에게서 온 거니 ?

"Yes, it is."

응, 그래.

frog [frɔːg] 몡 개구리

"Look! A **frog** is jumping into the water."

저것 봐 ! 개구리가 물에 뛰어 들고 있어.

"Oh, yes."

정말, 그렇구나.

from [frʌm] 젠 …에서 ; …출신의

"Where are you **from**?"

너는 어디서 왔니 ?

"I'm **from** Korea."

나는 한국에서 왔어.

front [frʌnt] 몡 앞, 정면

Sit in the **front** of the class.

교실 맨 앞에 앉아라.

fruit [fruːt] 명 과일

Fruits

banana 바나나　　**apple** 사과　　**orange** 오렌지

strawberry 딸기　　**grape** 포도

persimmon 감

cherry 버찌

watermelon 수박　　**chestnut** 밤　　**pear** (서양)배

kiwi 키위　　**pineapple** 파인애플　　**peach** 복숭아

full [ful] 형 가득한 ; 충만한
  "Look at that **full** moon."
  저 둥근 달 좀 봐.
  "It's beautiful."
  아름답다.

fun [fʌn] 명 재미있는 일
  Everybody had a lot of **fun**.
  모두들 아주 재미있었다.
  It is **fun** to jump rope.
  줄넘기는 재미있다.

funny [fʌ́ni] 형 익살맞은, 우스운
  "What's so **funny**?"
  무엇이 그렇게 우습니 ?
  "In-su told us a **funny** story."
  인수가 우리에게 웃기는 얘기를 해줬어.

game [geim] 몡 놀이 ; 경기

"Let's play some **games**."
우리 놀이하자.
"OK. Let's."
좋아. 하자.

garden [gá:ɾdn] 몡 뜰, 정원

"This is our **garden**."
여기가 우리집 정원이야.
"Oh, it's nice."
와, 멋지다.

gas [gæs] 몡 가스

"Turn on the **gas**, please."
가스 좀 켜라.
"All right."
네.

gate [geit] 몜 문

"**Gates** of the park are closed."

공원 문이 닫혔어.

"Already?"

벌써 ?

gave [geiv] 동 주었다

★ **give** 의 과거형

Mike **gave** Judy a present.

마이크는 주디에게 선물을 주었다.

G

gentle [dʒéntl] 형 상냥한, 친절한 ; 점잖은

"What is Mr. Jones like?"

존스 선생님은 어떠시니 ?

"Oh, he's really **gentle**."

오, 정말 친절하셔.

gentleman [dʒéntlmən] 몜 신사

"Who is that **gentleman**?"

저 신사분은 누구시지 ?

"He is my father."

우리 아버지셔.

German [dʒə́ːrmən] 명 독일 사람 ; 독일어
"Do you speak **German**?"
너는 독일어를 할 줄 아니 ?
"No, I don't."
아뇨, 못해요.

Germany [dʒə́ːrməni] 명 독일
My uncle lives in **Germany**.
우리 아저씨는 독일에 사십니다.

get [get] 동 얻다, 받다 ; 사다

"Where did you **get** that cap?"
그 모자 어디서 났니 ?
"My brother gave it to me."
우리 형이 내게 줬어.

G

giraffe [dʒiræf] 명 기린
A **giraffe** has a long neck.
기린은 목이 길어요.

girl [gəːrl] 몡 소녀
"Judy is a pretty **girl**."
주디는 귀여운 소녀야.
"I think so, too."
나도 그렇게 생각해.

give [giv] 뙹 주다
"**Give** me ice cream, Mom."
엄마, 아이스크림 주세요.
"Wait a minute."
잠깐만 기다려라.

glad [glæd] 혬 기쁜, 반가운
"I'm **glad** to meet you."
만나서 반갑다.
"**Glad** to meet you, too."
나도 반가워.

glass [glæs] 몡 유리 ; 유리컵
Give me a **glass** of water.
물 한 컵 주세요.

glasses [glǽsiz] 명 안경

"Does your father wear **glasses**?"

너의 아버지는 안경을 끼셨니?

"Yes, he does."

응, 끼셨어.

glove [glʌv] 명 장갑 ; 글러브

Put on your **gloves**.

장갑을 끼세요.

go [gou] 동 가다

"Do you **go** to church every Sunday?"

너는 일요일마다 교회에 가니?

"Yes, I do."

응.

goal [goul] 명 골, 결승점

"Our team scored another **goal**."

우리 팀이 또 한 골 넣었어.

"Then our team may win."

그러면 우리 팀이 이기겠는걸.

god, God [gɑd] 몡 신 ; 하느님

gold [gould] 몡 금 혱 금의
"I like your **gold** watch."
네 금시계 멋있다.
"Thank you."
고마워.

good [gud] 혱 좋은, 훌륭한 ; 맛있는
"This hot dog is **good**, Mom."
엄마, 이 핫도그 맛있네요.
"Do you want another one?"
하나 더 줄까?

G

good-bye [gùdbái] 갑 안녕
"**Good-bye**, Judy."
안녕, 주디.
"**Good-bye**, Tom."
잘 가, 톰.

goose [guːs] 명 거위, 기러기
A **goose** is like a large duck.
거위는 커다란 오리처럼 생겼다.

got [gɑt] 동 받았다
★ **get** 의 과거형
"I **got** a hundred on the test."
나는 그 시험에서 100 점 받았어요.
"Good for you."
잘했구나.

grandfather [grǽndfɑ̀ːðər] 명 할아버지
My **grandfather** is seventy years old.
할아버지는 일흔살이십니다.

grandma [grǽndmɑ̀ː] 명 할머니
"**Grandma** bought this cap for me."
할머니께서 이 모자를 사주셨어요.
"Do you like it?"
맘에 드니 ?

grandmother [grǽndmʌ̀ðər] 명 할머니

My **grandmother** loves me.
할머니는 저를 귀여워 하십니다.

grandpa [grǽndpàː] 명 할아버지

"Where does your **grandpa** live?"
너의 할아버지는 어디 사시니?
"He lives with us."
우리와 함께 사셔.

grape [greip] 명 포도

"Do you like **grapes**?"
포도 좋아하니?
"Yes, I like them very much."
그래, 아주 좋아해.

grass [græs] 명 풀 ; 잔디밭

Keep off the **grass**.
잔디밭에 들어가지 마시오.

grasshopper [grǽshàpər] 명 메뚜기

A **grasshopper** is a good jumper.

메뚜기는 잘 뜁니다.

gray [grei] 명 회색 형 회색의

"Do I have to wear a **gray** sweater?"

회색 스웨터를 입어야 하나요?

"Yes. It's cold today."

그렇단다. 오늘 날씨가 춥거든.

G

great [greit] 형 큰 ; 굉장한 ; 위대한

"Korea won the football game."

한국이 축구 경기에서 이겼어.

"That's **great**!"

장하구나 !

green [gri:n] 명 녹색 형 녹색의

The leaves are **green** in summer.

여름에 나뭇잎들은 푸릅니다.

grew [gruː] 동 자랐다

★ **grow** 의 과거형
Her hair **grew** very fast.
그녀의 머리가 매우 빨리 자랐다.

ground [graund] 명 땅 ; 운동장

"I'm free after school."
방과 후에는 시간 있어.

"Good. Then let's
play on the **ground**."
좋아. 그러면 운동장
에서 놀자.

group [gruːp] 명 떼, 무리, 그룹

We study in **groups**.
우리는 그룹을 지어서 공부한다.

grow [grou] 동 자라다 ; 기르다

"Where did you **grow** up?"
당신은 어디서 자랐습니까?
"I **grew** up in the country."
시골에서 자랐죠.

guess [ges] 동 추측하다, 알아맞히다

"**Guess** what I have."
내가 가진 게 뭔지 알아맞혀봐.
"What?"
뭘까?

guest [gest] 명 손님

"We are having **guest** this evening."
오늘 저녁에 손님이 오셔요.
"How many?"
몇 분이죠?

G

guide [gaid] 명 안내자 동 안내하다

"I'll be your **guide**."
내가 안내해 줄게.
"Thank you."
고마워.

guitar [gitáːr] 명 기타

"Will you play the **guitar**?"
기타 칠래?
"All right."
좋아.

had [hæd] 图 가졌다
　★ **have** 의 과거형
　We **had** a nice time.
　우리는 즐거운 시간을 보냈다.

hair [hɛər] 圐 머리카락, 머리털
　Su-jin has black **hair**.
　수진이는 머리카락이 검다.
　Tom has blond **hair**.
　톰은 금발이다.

half [hæf] 圐 반 ; 30 분 혱 반의
　"What time is it now?"
　지금 몇 시입니까?
　"It is **half** past nine."
　9 시 30 분입니다.
　★ 복수형 **halves** [hævz]

hall [hɔːl] 명 홀, 강당 ; 회관
"That is the city **hall**."
저것이 시청입니다.
"Oh, it's very big."
아, 그것 참 크네요.

hamburger [hǽmbəːrgər] 명 햄버거

"Give me a **hamburger**, please."
햄버거 하나 주세요.
"Wait a moment."
잠깐만 기다리세요.

H

hand [hænd] 명 손
"Wash your **hands**, Tom."
톰, 손 씻어라.
"OK, Mom."
네, 엄마.

handkerchief [hǽŋkərtʃif] 명 손수건
I have a red **handkerchief**.
나는 빨간 손수건을 갖고 있다.

handle [hǽndl] 몡 손잡이, 핸들
Turn down the **handle**.
손잡이를 아래로 내리시오.

happen [hǽpən] 동 일어나다, 생기다
"What **happened**?"
무슨 일이 있었니 ?
"There was a traffic accident."
교통사고가 났어.

happy [hǽpi] 혱 행복한, 기쁜
"**Happy** birthday, Judy!"
생일 축하해, 주디 !
"Thank you, Tom."
고마워, 톰.

H

hard [hɑːɾd] 혱 단단한 ; 어려운
This wood is **hard**.
이 목재는 단단하다.

has [hæz] 통 **have**의 3인칭 단수 현재형

In-ho **has** a ball.

인호는 공을 가지고 있다.

He **has** a hat in his hand.

그는 손에 모자를 들고 있다.

hat [hæt] 명 모자

I like a straw **hat**.

나는 밀짚 모자를 좋아한다.

Put on your **hat**.

모자를 쓰시오.

hate [heit] 통 미워하다 ; 몹시 싫어하다

I **hate** cats.

나는 고양이가 싫어.

H

have [hæv] 통 가지고 있다 ; …이 있다

"How many brothers do you **have**?"

너는 형제가 몇 명이니 ?

"I **have** two brothers."

나는 형제가 둘이야.

he [hiː] 때 그는, 그가

"Who is that boy?"
저 소년은 누구니?
"**He** is my friend In-ho."
그는 내 친구 인호야.

head [hed] 명 머리

Jin-a shook her **head**.
진아는 머리를 흔들었다.
Mind your **head**.
머리 조심하세요.

health [helθ] 명 건강

Fresh air is good for the **health**.
신선한 공기는 건강에 좋다.
He is in good **health**.
그는 건강하다.

H

healthy [hélθi] 형 건강한

My grandpa is **healthy**.
할아버지는 건강하시다.

hear [hiər] 통 듣다, 들리다
"Can you **hear** me?"
내 말 들려요?
"Yes, I can **hear** you very well."
네, 아주 잘 들려요.

heard [həːrd] 통 들었다, 들렸다
★ **hear** 의 과거형
Tom **heard** a loud noise.
톰은 시끄러운 소리를 들었다.

heart [hɑːrt] 명 심장 ; 마음
"Min-su has a kind **heart**."
민수는 마음이 착하다.
"Yes, he does."
정말 그래.

heat [hiːt] 명 열, 더위
The sun gives us light and **heat**.
태양은 우리에게 빛과 열을 준다.

heavy [hévi] 형 무거운
This stone is **heavy**.
이 돌은 무겁다.

held [held] 동 잡았다
★ **hold** 의 과거형
Jenny **held** her mother's hand.
제니는 엄마 손을 잡았다.

helicopter [hélikὰptər] 명 헬리콥터
"A **helicopter** is flying low."
헬리콥터가 낮게 날고 있어요.
"I can see the pilot."
조종사가 보여요.

hello [helóu] 감 이봐 ; 여보세요 ; 안녕
Hello, this is Judy speaking.
여보세요, 저는 주디인데요.
◆ 이 문장은 전화 통화에서 쓰임

helmet [hélmit] 몡 헬멧

Football players wear **helmets**.

미식 축구 선수들은 헬멧을 쓴다.

help [help] 툉 돕다

"Come and **help** us."

와서 좀 도와줘.

"I can't. I'm busy now."

안돼. 난 지금 바빠.

hen [hen] 몡 암탉

Hens lay eggs.

암탉은 알을 낳는다.

her [həːr] 때 그녀의 ; 그녀를, 그녀에게

"What's **her** name?"

그녀의 이름은 무엇입니까?

"**Her** name is Judy."

그녀의 이름은 주디입니다.

here [hiər] 〔부〕 여기에, 여기로

"Come **here**, In-ho."

이리 와, 인호야.

"OK."

알았어.

hers [hə:rz] 〔대〕 그녀의 것

"Is that book **hers**?"

저 책은 그녀 거니 ?

"No, it's mine."

아니, 그건 내 거야.

herself [hə:rsélf] 〔대〕 그녀 자신

She did it **herself**.

그녀가 직접 그것을 했다.

Mom cooked the cake **herself**.

엄마가 직접 케이크를 만드셨다.

H

hi [hai] 〔감〕 안녕

"**Hi**, Tom."

안녕, 톰.

"**Hi**, Jim."

안녕, 짐.

hide [haid] 동 감추다, 숨기다 ; 숨다

"Let's **hide** it here."
그것을 여기에 감추자.
"Yes, that's a great idea."
그래, 그거 좋은 생각이다.

high [hai] 형 높은

"How **high** is the building?"
그 건물은 얼마나 높니?
"It is about forty meters **high**."
그것은 높이가 약 40 미터야.

H

hiking [háikiŋ] 명 하이킹, 도보 여행

"Let's go **hiking** next Sunday."
다음 일요일에 하이킹 가자.
"All right."
좋아.

hill [hil] 명 언덕

We climbed a **hill**.
우리는 언덕에 올라갔다.

him [him] 때 그를, 그에게
"Do you know Tom?"
너는 톰을 아니 ?
"Yes, I know **him**
very well."
응, 나는 그를 잘 알아.

himself [himsélf] 때 그 자신
Tom washed **himself**.
톰은 세수를 했다.
He went there **himself**.
그는 직접 거기에 갔다.

his [hiz] 때 그의 ; 그의 것
"Is this Tom's pencil?"
이것은 톰의 연필이니 ?
"Yes, it's **his**."
응, 그건 그의 거야.

pencil

history [hístəri] 명 역사
"We are studying the **history** of Korea."
우리는 한국 역사를 배워요.
"Is it interesting?"
재미있니 ?

hit [hit] 통 때리다, 치다
  Min-su **hit** a ball with the bat.
  민수는 배트로 공을 쳤다.
  ★ 과거형 **hit** [hit]

hobby [hábi] 명 취미
  "What is your **hobby**?"
  네 취미는 무엇이냐?
  "My **hobby** is fishing."
  내 취미는 낚시야.

hold [hould] 통 쥐고 있다, 잡다
  "**Hold** your spoon in your right hand."
  숟가락을 오른손에 잡아라.
  "Yes, Mom."
  네, 엄마.

hole [houl] 명 구멍
  "There is a **hole** in my sock."
  내 양말에 구멍이 났어.
  "Let me see it."
  어디 보자.

holiday [hάlədei] 명 휴일, 휴가
Christmas is a **holiday**.
크리스마스는 휴일이다.
My father is on **holiday**.
우리 아버지께서는 휴가중이시다.

home [houm] 명 집, 가정

"Is your sister at **home**?"
언니 집에 있니 ?
"No, she isn't."
아니오, 없어요.

homework [hóumwə̀ːrk] 명 숙제
"Do your **homework** now!"
너 지금 숙제해라 !
"All right."
알았습니다.

H

honey [hΛni] 명 벌꿀, 꿀
Tom likes **honey**.
톰은 꿀을 좋아한다.
Bees get **honey** from
the flowers.
벌들은 꽃에서 꿀을 얻는다.

hope [houp] 통 바라다

"Will it be fine tomorrow?"

내일 날씨가 좋을까?

"I **hope** so."

나는 그러기를 바래.

horse [hɔːrs] 명 말

I can ride a **horse**.

나는 말을 탈 수 있다.

A **horse** is a large animal.

말은 큰 동물이다.

hospital [háspitl] 명 병원

"Jim is in **hospital**."

짐은 병원에 입원해 있어.

"What's the matter with him?"

어디가 아픈데?

H

hot [hɑt] 형 더운, 뜨거운

"It's **hot** today, isn't it?"

오늘 덥지요?

"Yes, it is."

네, 그러네요.

hot dog [hát dɔ̀ːg] 명 핫 도그

"This **hot dog** is good."
이 핫 도그 맛있는데요.
"Do you want another one?"
하나 더 먹을래?

hotel [houtél] 명 호텔

Cities have many **hotels**.
도시에는 호텔이 많다.
We stayed at a **hotel**.
우리는 호텔에 묵었다.

hour [auər] 명 시간

There are 24 **hours** in one day.
하루는 24 시간이다.
I watched TV for an **hour**.
나는 1 시간 동안 텔레비전을 보았다.

H

how [hau] 부 어떻게 ; 얼마나

"**How** are you?"
어떻게 지내십니까?
"I'm fine, thank you."
덕분에 잘 지냅니다.

house [haus] 명 집

House

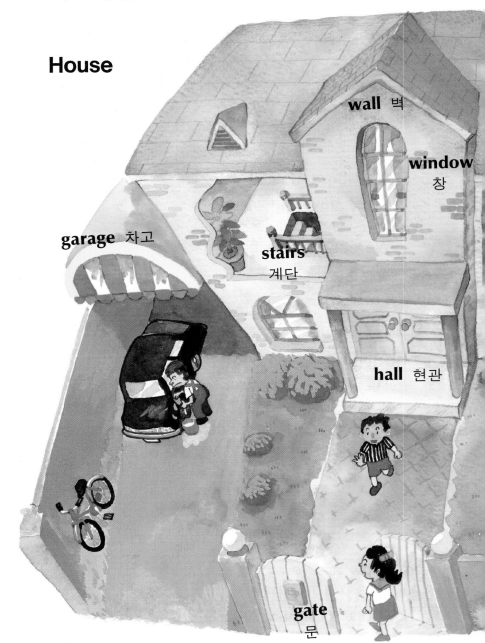

wall 벽

window 창

garage 차고

stairs 계단

hall 현관

gate 문

H

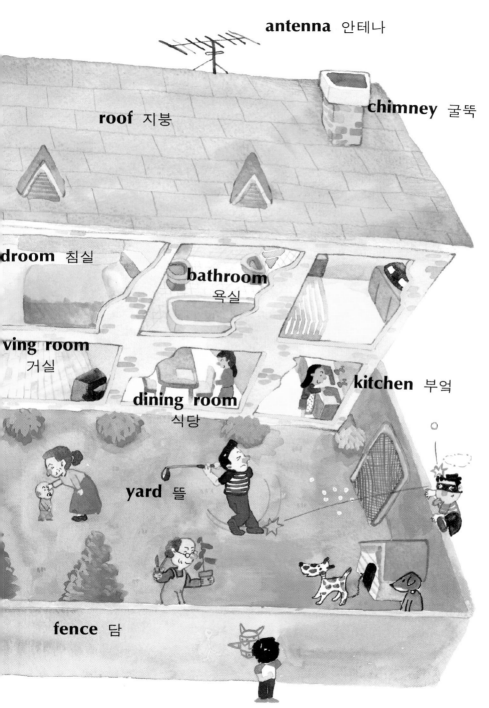

antenna 안테나

chimney 굴뚝

roof 지붕

bedroom 침실

bathroom 욕실

living room 거실

dining room 식당

kitchen 부엌

yard 뜰

fence 담

H

hundred [hʌ́ndrəd] 명 I00, I00 살
형 I00 의, I00 살의

"How much is this flower?"
이 꽃 얼마입니까?
"It's five **hundred** won."
5 백원입니다.

hungry [hʌ́ŋgri] 형 배고픈
"Are you **hungry**?"
너 배고프니?
"Yes, are you?"
응, 너는?

H

hurry [hʌ́ri] 동 서두르다
Don't **hurry**.
서두르지 마라.
I **hurried** to the bus stop.
나는 버스 정류장으로 서둘러 갔다.

hurt [hə:rt] 동 상처내다 ; 아프다
Judy **hurt** her knee.
주디는 무릎을 다쳤다.
My stomach **hurts**.
난 배가 아프다.
★ 과거형 **hurt** [hə:rt]

husband [hʌ́zbənd] 명 남편
Billy is a good **husband**.
빌리는 좋은 남편이다.
He is Aunt Paula's **husband**.
그는 폴라 아줌마의 남편이다.

H

I [ai] 때 나는, 내가
I am Kim In-ho.
저는 김인호입니다.
I am a Korean boy.
저는 한국 소년입니다.

ice [ais] 명 얼음
We skate on the **ice**.
우리는 얼음 위에서 스케이트를 탄다.
The **ice** is thick.
얼음이 두껍게 얼었다.

ice cream [áis krìːm] 명 아이스크림
"Would you like some **ice cream**?"
아이스크림 좀 먹을래?
"Yes, please."
네, 주세요.

idea [aidíːə] 몡 생각, 아이디어 ; 의견
  "Let's play baseball."
  우리 야구하자.
  "That's a good **idea**."
  그거 좋은 생각이야.

if [if] 젭 (만약) …이면
  "**If** it's fine tomorrow, let's play."
  내일 날씨가 좋으면 놀자.
  "Yes, let's."
  그래, 그러자.

ill [il] 혭 병든
  "My mother is **ill**."
  엄마가 편찮으셔.
  "That's too bad."
  그거 안 됐구나.

I'll [ail] **I shall, I will** 의 단축형
  "**I'll** be here by five."
  5 시까지 여기에 돌아올게.
  "OK, **I'll** wait here."
  좋아. 여기서 기다리고 있을게.

I'm [aim] **I am** 의 단축형
"**I'm** sorry. **I'm** late."
늦어서 미안해.
"That's all right."
괜찮아.

important [impɔ́:rtənt] 형 중요한
Health is the most **important**.
건강이 가장 중요합니다.

in [in] 전 …안에
"Get **in** the car, Su-jin."
수진아, 차에 타라.
"Yes, Dad."
네, 아빠.

indeed [indí:d] 부 정말로

"It's very cold today."
오늘은 무척 춥구나.
"Yes, **indeed**."
그래, 정말 추워.

information [ìnfərméiʃən] 몡 정보 ; 지식

"Where did you get that **information**?"

그 소식을 어디에서 알았니 ?

"From the TV."

텔레비전에서.

ink [iŋk] 몡 잉크

"May I write with a pencil?"

연필로 써도 됩니까 ?

"No. Write in **ink**."

안돼요. 잉크로 쓰세요.

inside [insáid] 몡 안쪽 뷔 안쪽으로

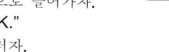

"Let's go **inside**."

안으로 들어가자.

"OK."

그러자.

interest [íntərist] 동 …에 흥미를 일으키게 하다

I am **interested** in music.

저는 음악이 재미있어요.

insect [ínsekt] 명 곤충

Insects

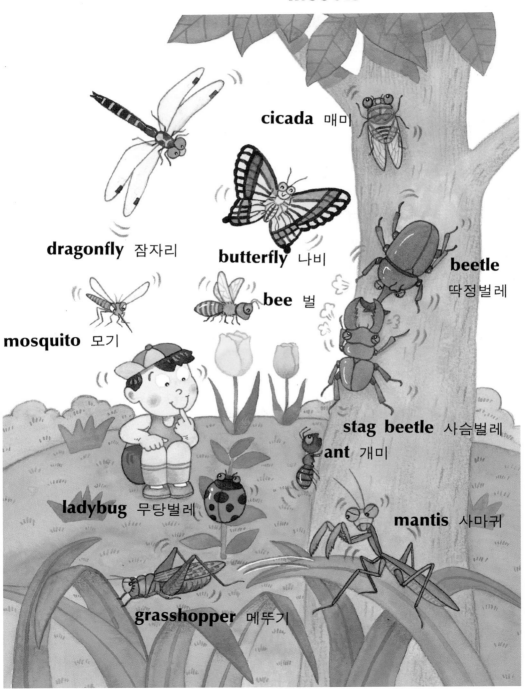

cicada 매미

dragonfly 잠자리

butterfly 나비

bee 벌

beetle
딱정벌레

mosquito 모기

stag beetle 사슴벌레

ant 개미

ladybug 무당벌레

mantis 사마귀

grasshopper 메뚜기

interesting [íntəristiŋ] 휑 재미있는

"Is this book **interesting**?"
이 책 재미있니 ?
"Yes, it's very **interesting**."
그럼, 아주 재미있어.

into [íntu(ː)] 쩐 …의 안으로, …의 안에

"It's cold. Let's get **into** the house."
춥다. 집 안으로 들어가자.
"All right."
좋아 그러자.

introduce [ìntrədʒúːs] 통 소개하다

"Let me **introduce** myself."
제 소개를 하겠습니다.
"Please go ahead."
어서 말해요.

invite [inváit] 통 초대하다

"May I **invite** my friends to the party?"
제 친구들을 파티에 초대해도 될까요 ?
"Of course."
물론이지.

iron [áiərn] 뗑 쇠 ; 다리미
　"May I borrow your **iron**?"
　다리미를 좀 빌려주시겠습니까 ?
　"Sure."
　그럼요.

is [iz] 통 **be**의 3인칭 단수 현재형
　He **is** a teacher.
　그 분은 선생님입니다.
　There **is** a book on the desk.
　책상 위에 책이 있습니다.

island [áilənd] 뗑 섬
　This **island** is a beautiful place.
　이 섬은 아름다운 곳입니다.

isn't [íznt] **is not**의 단축형
　"Is this your cap?"
　이거 네 모자냐 ?
　"No, it **isn't**."
　아니예요.

it [it] 때 그것은, 그것을

"What is this?"

이것은 무엇이지요?

"**It** is a desk."

그것은 책상입니다.

Italy [ítəli] 명 이탈리아

Columbus was born in **Italy**.

콜럼버스는 이탈리아에서 태어났습니다.

Rome is the capital of **Italy**.

로마는 이탈리아의 수도입니다.

its [its] 때 그것의

The baby is sleeping in **its** bed.

갓난아기는 침대에서 자고 있어요.

it's [its] **it is, it has** 의 단축형

"Whose bicycle is that?"

저것은 누구의 자전거입니까?

"**It's** mine."

그것은 제것입니다.

jacket [dʒǽkit] 명 재킷
"Mom bought me a new **jacket**."
엄마가 새 재킷을 사 주셨어요.
"That's nice."
멋있는데.

jam [dʒæm] 명 잼
"What kind of **jam** do you like?"
너는 어떤 잼을 좋아하니 ?
"I like apple **jam**."
나는 사과 잼을 좋아해.

January [dʒǽnjuèri] 명 1월
January is the first month of the year.
1월은 일년 중 첫째 달이다.

Japan [dʒəpǽn] 몡 일본

"Welcome to **Japan**, Su-jin."
수진아, 일본에 온 걸 환영해.
"Thank you."
고마워.

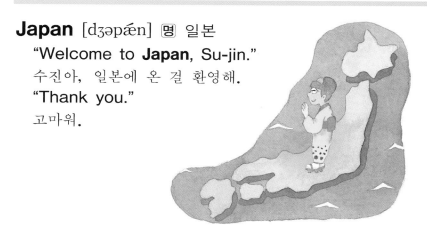

jet [dʒet] 몡 제트기

Jets fly fast.
제트기는 빨리 난다.

join [dʒɔin] 동 참가하다

"Will you **join** us
for a drive?"
드라이브 같이 갈래?
"Oh, sure."
아, 그래.

J

joke [dʒouk] 몡 농담 동 농담하다

"I won first prize."
내가 1등상을 탔어.
"You are **joking**."
농담이지.

job [dʒab] 명 직업

Jobs

fireman 소방관

policeman 경찰관

soldier 군인

teacher 교사

fisherman 어부

cook 요리사

opera singer 오페라 가수

farmer 농부

singer 가수

nurse 간호사

vet 수의사

dentist 치과 의사   doctor 의사

bus driver 버스 기사

engineer 기관사

taxi driver
택시 기사

waiter 웨이터

carpenter 목수

homemaker 주부

waitress 웨이트리스

pilot 조종사

stewardess
스튜어디스

**nursery school
teacher** 보모

announcer
아나운서

baseball player
야구 선수

painter 화가

mailman 우편 집배원

joy [dʒɔi] 명 기쁨

We danced for **joy**.

우리는 기뻐서 춤을 추었다.

juice [dʒuːs] 명 주스

"A glass of orange **juice**, please."

오렌지 주스 한 잔 주세요.

"Here you are."

여기 있습니다.

July [dʒu(ː)lái] 명 7월

July comes after June.

7월은 6월 다음에 온다.

J

jump [dʒʌmp] 동 깡충 뛰다

"Tom **jumped** into the pond."

톰이 연못에 뛰어 들었어.

"In a cold day like this?"

이렇게 추운데?

June [dʒuːn] 명 6월

"She is going to marry in **June**."

그녀는 6월에 결혼할 거야.

"Great!"

멋진데 !

jungle [dʒʌ́ŋgl] 명 정글, 밀림

Many animals live in the **jungle**.

많은 동물들이 밀림에서 산다.

J

just [dʒʌst] 부 정확히

"What time is it?"

몇 시니 ?

"It's **just** twelve."

정각 12 시야.

kangaroo [kǽŋgərúː] 몡 캥거루

There are many **kangaroos**
in Australia.
캥거루는 오스트레일리아에 많다.

keep [kiːp] 동 가지고 있다 ; …한 상태에 있다

"Please **keep** quiet, Mike."
마이크, 조용히 좀 해라.
"Yes, sir."
네, 선생님.

kept [kept] 동 가지고 있었다

★ **keep** 의 과거형
Ann **kept** all his letters.
앤은 그의 편지를 모두 가지고 있었다.

key [kiː] 몝 열쇠, 키
"I can't find the **key** to my car."
내 차 키를 찾을 수가 없구나.
"Is this it?"
이게 그거예요?

kick [kik] 툉 차다, 걷어차다
"Jim is **kicking** me, Mom."
엄마, 짐이 나를 차요.
"What a bad boy!"
못된 녀석이구나!

kid [kid] 몝 아이
"Who is this?"
이 애는 누구니?
"This is my **kid** brother."
이 아이는 내 남동생이야.

kill [kil] 툉 죽이다
The cat **killed** the mouse.
고양이가 쥐를 잡았다.

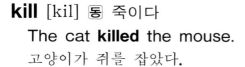

kind¹ [kaind] 형 친절한, 상냥한
"Judy is **kind** to old people."
주디는 노인에게 친절해.
"Yes, she's really **kind**."
맞아, 주디는 정말 친절해.

kind² [kaind] 명 종류
"What **kind** of dessert do you like best?"
디저트로 어떤 종류를 제일 좋아하니 ?
"I like ice cream best."
아이스크림이 제일 좋아요.

king [kiŋ] 명 왕, 국왕
King Sejong was great.
세종대왕은 위대하셨습니다.

K

kiss [kis] 명 키스 동 키스하다, 입맞추다
"**Kiss** me good night, Mom."
엄마, 굿 나이트 키스해 주세요.
"All right. Come here."
그래, 이리 오렴.

kitchen [kítʃin] 몡 부엌

Kitchen

cupboard
찬장

refrigerator
냉장고

faucet
수도꼭지

pan
납작한 냄비

sink
개수대

stove
스토브

dishwasher
접시닦는 기계

oven
오븐

kite [kait] 몡 연

"Let's fly **kites**."
연을 날리자.
"Good idea."
좋은 생각이야.

kitten [kítn] 몡 고양이새끼

"Do you have any pets?"
애완 동물을 기르고 있니?
"Yes, I have three **kittens**."
응, 고양이새끼 세 마리를 기르고 있어.

knee [niː] 몡 무릎

"I hurt my **knee**."
무릎을 다쳤어요.
"Are you all right?"
괜찮니?

knew [njuː] 됭 알고 있었다

★ **know** 의 과거형
I **knew** the answer.
나는 그 답을 알고 있었다.

knife [naif] 몡 나이프, 칼

"Mom, give me a **knife** and fork, please."
엄마, 나이프와 포크 좀 주세요.

"All right.
Here you are."
그래. 여기 있다.

knight [nait] 몡 기사

Look at the **knight**.
저 기사를 봐라.

knock [nɑk] 됭 두드리다, 노크하다

"Someone is **knocking** at the door."
누군가 문을 두드리네.
"I'll go and see."
내가 나가볼게.

know [nou] 됭 알고 있다

"Do you **know** Mike?"
너 마이크를 아니 ?
"Yes. He is my friend."
그럼. 그는 내 친구야.

K

Korea [kərí:ə] 몡 한국
Korea is a beautiful country.
한국은 아름다운 나라입니다.

Korean [kərí:ən] 몡 한국인, 한국어
혱 한국의, 한국 사람의, 한국어의
"Can you speak **Korean**, Mike?"
마이크, 한국어 할 줄 아니?
"Yes. Just a little."
그래. 약간은 해.

K

lady [léidi] 명 부인, 숙녀

Ladies first.

레이디 퍼스트(숙녀 먼저).

★ 복수형 **ladies** [léidiz]

lake [leik] 명 호수

"Let's swim at the **lake**."

호수에서 헤엄치자.

"All right."

좋아.

lamp [læmp] 명 등불, 램프

"Would you show us a **lamp**?"

램프 좀 보여 주세요.

"Certainly."

그러지요.

L

land [lænd] 명 육지 ; 나라

"In-ho, can you see **land**?"

인호야, 육지가 보이니 ?

"No, I can't."

아니, 안 보여.

large [lɑːrdʒ] 형 큰

Elephants are **large** animals.

코끼리는 큰 동물이다.

last [læst] 형 최후의 ; 바로 전의

"Did you sleep well **last** night?"

어젯밤에 잘 잤니 ?

"Very well, thank you."

덕분에 잘 잤어.

late [leit] 형 늦은 부 늦게

"I was **late** for school today."

나는 오늘 학교에 지각 했어.

"Why?"

왜 ?

later [léitər] 혱 더 늦은 묀 뒤에
"Good-bye, Tom."
잘가, 톰.
"See you **later**, In-ho."
또 보자, 인호.

laugh [læf] 동 웃다

They **laughed** loudly.
그들은 큰소리로 웃었다.

lay [lei] 동 두다 ; 낳다
"Where did you **lay** books?"
책들을 어디에 두었니 ?
"On the desk."
책상 위에.

lazy [léizi] 혱 게으른
"What is he like?"
그는 어때 ?
"He is very **lazy**."
그는 아주 게을러.

L

lead [liːd] 동 이끌다 ; 지도하다 ; 통하다

"Where does this road **lead**?"

이 길은 어디로 통하니 ?

"It goes to Seoul."

서울이야.

leaf [liːf] 명 잎

"The **leaves** are already out."

벌써 잎들이 나왔어.

"Really?"

정말 ?

★ 복수형 **leaves** [liːvz]

learn [ləːrn] 동 배우다

A little bird is **learning** to fly.

어린 새가 나는 법을 배우고 있다.

learned [ləːrnd], learnt [ləːrnt] 동 배웠다

★ **learn** 의 과거형

I **learned** the song from my mother.

나는 어머니한테 그 노래를 배웠다.

least [liːst] 형 가장 작은, 가장 적은
부 가장 작게, 가장 적게
Mike likes math **least** of all.
마이크는 수학을 가장 싫어한다.

leave [liːv] 동 떠나다
"What time do you **leave** home?"
너는 몇 시에 집을 나서니?
"I usually **leave** home at
eight."
대개 8 시에 나가.

led [led] 동 이끌었다
★ **lead** 의 과거형
Tom **led** us to Disneyland.
톰이 우리를 디즈니랜드로 안내했다.

left¹ [left] 명 왼쪽 형 왼쪽의

Jin-a writes with her **left** hand.
진아는 왼손으로 글씨를 쓴다.

L

left² [left] 통 떠났다

★ **leave** 의 과거형

Su-jin **left** Seoul for Pusan yesterday.

수진이는 어제 서울을 떠나 부산으로 갔다.

leg [leg] 명 다리

"Are you tired?"

피곤하니?

"Yes, my **legs** hurt."

네, 다리가 아파요.

lemon [lémən] 명 레몬(나무)

"Shall I put **lemon** in your tea?"

차에 레몬을 넣어 드릴까요?

"Yes, please."

네, 넣어주세요.

lend [lend] 통 빌려주다

"Can you **lend** me your eraser?"

지우개 좀 빌려 줄래?

"Sure."

그래.

L

lent [lent] 통 빌려주었다
　★ **lend** 의 과거형
　I **lent** him a camera.
　나는 그에게 카메라를 빌려주었다.

less [les] 형 보다 작은, 보다 적은
　부 보다 작게, 보다 적게
　"We have **less** homework today."
　오늘은 숙제가 적어.
　"We are lucky, aren't we?"
　좋다, 안 그러니?

lesson [lésn] 명 과 ; 수업
　Let's begin with **Lesson** 3.
　제 3 과부터 시작합시다.

let [let] 통 …시키다 ; …하자
　"My eye hurts."
　눈이 아파요.
　"**Let** me see."
　어디 보자.

L

let's [lets] **let us** 의 단축형

"**Let's** go out to play."
나가 놀자.
"Yes, **let's**."
그래, 그러자.

letter [létər] 명 편지

"What are you doing?"
뭐하고 있니?
"I'm writing a **letter**."
편지 쓰고 있어.

library [láibrəri] 명 도서관

"How often do you go to the **library**?"
도서관에는 자주 가니?
"Once a week."
일주일에 한 번.

L

lie¹ [lai] 동 눕다 ; …에 있다

"Let's **lie** down on the grass."
우리 풀밭에 눕자.
"That's good."
좋아.

lie² [lai] 똉 거짓말
Don't tell a **lie**.
거짓말을 하지 마라.

life [laif] 똉 생명

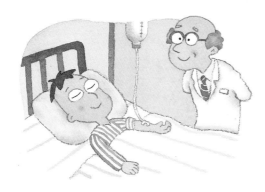

The doctor saved
his **life**.
의사 선생님이 그의
생명을 구했다.

light¹ [lait] 똉 (불)빛 ; 신호등
"The **light** goes green."
파란불이야.
"We can cross the
street now."
우리 지금 길을 건너도 돼.

L

light² [lait] 똍 가벼운
This box is very **light**.
이 상자는 매우 가볍다.

like¹ [laik] 동 좋아하다
"Do you **like** dogs?"
개 좋아하니 ?
"Yes, I do."
응, 좋아해.

like² [laik] 형 … 와 닮은
Judy is **like** her mother.
주디는 엄마를 닮았다.

lily [líli] 명 백합
"What kind of flower do you like?"

어떤 꽃을 좋
아하니 ?
"I like **lilies**."
백합을 좋아해.

L

line [lain] 명 선
Draw a straight **line**.
직선을 그어라.

lion [láiən] 명 사자
Don't wake a sleeping **lion**.
잠자는 사자를 깨우지 마라.

lip [lip] 명 입술
She kissed her baby on the **lips**.
그녀는 아기의 입술에 뽀뽀했다.

list [list] 명 목록 ; 명단
"Is your name on the **list**?"
네 이름 명단에 있니 ?
"I can't be found it."
안 보여.

listen [lísn] 동 듣다
I **listened** to her song.
나는 그녀가 노래 부르는
것을 들었다.

L

little [lítl] 형 작은 ; 조금…
"Do you speak English?"
너 영어할 줄 아니 ?
"Yes, just a **little**."
응, 조금.

live [liv] 동 살다
"Where do you **live**?"
어디에 사니 ?
"I **live** in Seoul."
서울에 살아.

lonely [lóunli] 형 외로운
I feel **lonely**.
나는 외롭다.

long [lɔːŋ] 형 긴 ; 길이가 …인
"How **long** is the bridge?"
다리 길이는 얼마나 됩니까 ?
"It's about one kilometer
long."
약 1 킬로미터입니다.

living room [lívɪŋ rù(:)m] 명 거실

Living room

curtain 커튼

picture 그림

photograph 사진

clock 탁상 시계

television 텔레비전

fireplace 벽난로

floor lamp 플로어 램프

carpet 카펫

cushion 쿠션

rocking chair 흔들 의자

sofa 소파

look [luk] 동 보다

"Don't **look** away."
한 눈 팔지 마.
"I'm sorry."
죄송해요.

lose [luːz] 동 잃다

"Don't **lose** the key."
열쇠 잃어버리지 마라.
"All right."
알았어요.

lost [lɔːst] 동 잃었다

★ **lose** 의 과거형
"Why are you crying?"
왜 울고 있니 ?
"I **lost** my money."
돈을 잃어버렸어요.

lot [lɑt] 명 많음

"He has a **lot** of worries."
그는 걱정이 많아.
"So it seems."
그런 것 같아.

loud [laud] 형 목소리가 큰

He has a **loud** voice.
그는 목소리가 크다.

love [lʌv] 동 사랑하다

"Mom, do you **love** me?"
엄마는 나를 사랑해요?
"Yes, of course."
그럼, 물론이지.

lovely [lʌ́vli] 형 사랑스러운 ; 멋진

"Here's your birthday present."
자, 생일 선물이야.
"Wow! It's **lovely**."
와, 멋지다.

low [lou] 형 낮은

"Give me a **low** ball."
공을 낮게 줘.
"OK."
알았어.

luck [lʌk] 몡 운, 행운

"Good **luck**, In-ho."
행운을 빌어, 인호.
"Thank you, Judy."
고마워, 주디.

lucky [lʌ́ki] 혱 행운의

"Tom is a **lucky** boy."
톰은 행운아야.
"He sure is."
정말 그래.

lunch [lʌntʃ] 몡 점심

"What time do you have **lunch**?"
점심을 몇 시에 먹니?
"At twelve."
12 시에.

ma'am [mæm] 명 부인 ; 선생님

"Good morning, class."
여러분, 안녕.
"Good morning, **ma'am**."
선생님, 안녕하세요.

machine [məʃíːn] 명 기계

A **machine** does work for people.
기계는 사람들을 위해 일한다.

mad [mæd] 형 미친 ; 화난

"Are you **mad** at me?"
너 나한테 화났니 ?
"No, I am not."
아니, 화나지 않았어.

made [meid] 동 만들었다

★ **make** 의 과거형

Mother **made** a doll for me.

엄마가 나에게 인형을 만들어 주셨다.

magazine [mǽgəzíːn] 명 잡지

"Whose **magazine** is this?"

이것은 누구 잡지니 ?

"It's Judy's."

주디 것이야.

mail [meil] 명 우편, 우편물

"Is there any **mail** for me?"

저한테 온 우편물 있나요 ?

"Nothing for you."

너한테 온 거 없는데.

main [mein] 형 주요한, 주된

This is the **main** building of our school.

이것이 우리 학교 본관이다.

make [meik] 동 만들다

"Dad, can you **make** a paper plane?"

아빠, 종이 비행기 만들 수 있어요 ?

"Yes, I can."

응, 만들 수 있지.

man [mæn] 명 사람 ; 남자

A **man** can not live alone.

사람은 혼자 살 수 없다.

manner [mǽnər] 명 방법 ; 태도 ; 예의

I like her **manner**.

나는 그녀의 태도가 마음에 든다.

He has no **manners**.

그는 예의가 없다.

many [méni] 형 많은, 다수의

"How **many** pencils do you have?"

연필을 몇 자루 가지고 있니 ?

"I have five."

5 자루 가지고 있어.

M

map [mæp] 명 지도
"Do you have a **map**?"
지도 있니?
"Yes, I'll get it."
응, 가져 올게.

march [mɑːrtʃ] 명 행진 동 행진하다
We **marched** through the field.
우리는 들판을 행진해 갔다.

March [mɑːrtʃ] 명 3월
"What is the date today?"
오늘 몇 월 며칠이냐?
"It is **March** sixth."
3월 6일이야.

mark [mɑːrk] 명 표, 부호 ; 표적
What does this **mark** mean?
이 표시는 무엇을 뜻합니까?

market [mάːɾkit] 몡 시장
Mother goes to **market** every day.
엄마는 매일 시장에 가십니다.

marry [mǽri] 툉 결혼하다
Are you **married**?
결혼하셨습니까?
Please **marry** me.
나와 결혼해 주십시오.

match¹ [mætʃ] 몡 성냥
"Do you have a **match**?"
성냥 가지고 있니?
"Sorry, I don't."
미안해 없어.

match² [mætʃ] 몡 시합
"I had a tennis **match** with him."
나는 그와 테니스 시합을 했다.
"Who won?"
누가 이겼어?

M

math [mæθ] 명 수학

"I am weak in **math**."

나는 수학이 약하다.

"I am, too."

나도.

◆mathematics 를 줄인 말.

matter [mǽtər] 명 일 ; 지장

"What's the **matter**, Tom?"

톰, 왜 그래 ?

"I don't feel well."

기분이 좋지 않아.

may [mei] 조 …해도 좋다, …인지도 모른다

"**May** I come in?"

들어가도 되니 ?

"Sure."

물론.

May [mei] 명 5 월

Flowers come out in **May**.

꽃은 5 월에 핀다.

maybe [méibi(ː)] 튀 아마, 어쩌면

"Will he come?"

그가 올까.

"**Maybe**."

어쩌면.

me [miː] 대 나를, 나에게, 나

"Who is it?"

누구세요.

"It's **me**, Judy."

나야, 주디.

mean [miːn] 동 의미하다

"What do you **mean** by that?"

그게 무슨 뜻이니?

"It **mean** I like him."

그를 좋아한다는 말이야.

meat [miːt] 명 고기, 육류

"Help yourself to more **meat**."

고기 더 드세요.

"No more, thanks."

그만, 됐습니다.

M

meal [mi:l] 명 식사

Meals

cheese
치즈

cereal
시리얼

jam 잼

fruits 과일

butter 버터

toast 토스트

milk
우유

juice
주스

〈**breakfast** 아침 식사〉

hamburger
햄버거

hot dog 핫도그

doughnut
도넛

banana
바나나

sandwich
샌드위치

pizza 피자

ketchup
케첩

〈**lunch** 점심 식사〉

strawberry
딸기

salad 샐러드

roast turkey
칠면조 구이

roll 롤빵

sautéed fish
튀긴 생선

pepper 후추

salt 소금

soup 수프

mashed potato
매시트 포테이토

apple pie
애플 파이

〈**dinner** 저녁 식사〉

medal [médl] 명 메달

Mary won three silver **medals**.

메리는 세개의 은메달을 땄다.

In-ho won the gold **medal**.

인호는 금메달을 땄다.

medicine [médisn] 명 약

"Take this **medicine**."

이 약을 드세요.

"How often should I take it?"

몇 번 먹어야 하나요?

meet [miːt] 동 만나다

"I'm glad to **meet** you."

만나서 반가워.

"Glad to **meet** you, too."

나도 만나서 반가워.

melon [mélən] 명 멜론

"Do you want **melon** for dessert?"

디저트로 멜론 드시겠어요?

"That sounds good."

그거 좋지요.

M

member [mémbər] 명 일원, 회원
I'm a **member** of the swimming club.
나는 수영부원이다.

memory [méməri] 명 기억, 기억력
"Do you have a good **memory**?"
너는 기억력이 좋으니 ?
"So-so."
그저 그래.

men [men] 명 **man** 의 복수형
All **men** are equal.
모든 사람은 평등하다.

menu [ménjuː] 명 메뉴
"May I see the **menu**?"
메뉴 좀 보여 주세요.
"Certainly, sir."
네, 그러죠.

M

merry [méri] 형 즐거운

"**Merry** Christmas!"
메리 크리스마스.
"The same to you."
메리 크리스마스.

met [met] 동 만났다

★ **meet** 의 과거형
I **met** him yesterday.
나는 어제 그를 만났다.

meter [míːtər] 명 미터

There are 1,000 **meters** in a kilometer.
1 킬로미터는 1,000 미터다.
This table is two **meters** long.
이 테이블은 길이가 2 미터다.

mice [mais] 명 **mouse** 의 복수형

Cats catch **mice**.
고양이는 쥐를 잡는다.

M

middle [mídl] 몡 중앙, 한가운데 톙 중간의

"When do you have your test?"

시험이 언제니?

"In the **middle** of June."

6월 중순이야.

might [mait] 죄 **may** 의 과거형

"**Might** I use your car?"

차 좀 빌려도 될까요?

"Yes, of course you may."

응, 물론 되지.

mile [mail] 몡 마일

"How far is it from here?"

여기서 거리가 얼마입니까?

"It's two **miles**."

2 마일입니다.

◆1 마일은 약 1.6 km

milk [milk] 몡 우유 ; 밀크

"What about a glass of **milk**?"

우유 한 잔 드시겠어요?

"Yes, please."

네, 그러지요.

M

million [míljən] 명 백만 형 백만의
About one **million** people live in our city.
약 백만 인구가 우리 시에 산다.

mind [maind] 명 마음, 생각 동 조심하다 ; 싫어하다
"Do you **mind** opening the window?"
창문 열어도 되겠습니까 ?
"No, not at all. Go ahead."
네, 여십시오.
◆ **Yes, I do**.는 창문 여는 것이 싫다.

mine [main] 대 나의 것
"Whose dictionary is this?"
이거 누구 사전이니 ?
"It's **mine**."
내 것이야.

minute [mínit] 명 분 ; 잠시
"Wait a **minute**, please."
잠깐만 기다려 줘.
"Sure. Take your time."
그러지. 천천히 해.

M

mirror [mírər] 몡 거울

Judy is looking in the **mirror**.

주디는 거울을 보고 있다.

Mirror, mirror, who is the fairest of us all?

거울아, 거울아, 이 세상에서 누가 제일 예쁘지?

miss [mis] 통 놓치다

"I **missed** the school bus."

나는 스쿨버스를 놓쳤어.

"Again?"

또.

Miss [mis] 몡 …양, 선생님

"**Miss** Ann is our English teacher."

앤 선생님이 우리 영어 선생님이야.

"You are lucky."

너 운이 좋구나.

mistake [mistéik] 몡 잘못, 틀림 통 잘못하다

"That was my **mistake**."

그것은 내 잘못이었다.

"Be more careful, will you?"

좀더 조심해라.

model [mádl] 명 모형, 모델 형 모형의
This is a **model** of the new museum.
이것은 새 박물관의 모형이다.
Who made this **model** airplane?
누가 이 모형 비행기를 만들었니?

mom [mɑm], **mommy** [mɑ́mi] 명 엄마
"Good morning, **mommy**."
안녕히 주무셨어요, 엄마.
"Good morning, Judy."
잘 잤니, 주디.

moment [móumənt] 명 순간 ; 때
After a **moment**, she began to talk.
잠시 후에 그녀는 말하기 시작했다.
Wait a **moment**, please.
잠깐 기다려 주십시오.

Monday [mʌ́ndi] 명 월요일
I will leave on **Monday**.
나는 월요일에 출발할 것이다.
See you on **Monday**.
월요일에 만나자.

M

money [mʌ́ni] 명 돈
"Do you have some **money** with you?"
수중에 현금 좀 가지고 있어요?
"Yes, I have some."
예, 조금.

monkey [mʌ́ŋki] 명 원숭이

Some **monkeys** live in trees.
어떤 원숭이들은 나무에 산다.
A **monkey** is a wise animal.
원숭이는 영리한 동물이다.

month [mʌnθ] 명 달, 월
"What day of the **month** is it today?"
오늘은 (몇 월) 며칠입니까?
"It is (the) 13 th."
13 일입니다.

moon [muːn] 명 달
"Is the **moon** out tonight?"
오늘밤 달이 떴습니까?
"I'll go have a look."
가서 볼게.

more [mɔːr] 형 보다 많은

"Can I have some **more** ice cream?"

아이스크림을 좀 더 먹어도 되나요?

"Sure."

그럼.

morning [mɔ́ːrniŋ] 명 아침, 오전

"Hello, Judy."

안녕, 주디.

"Good **morning**, Mr. Jones."

안녕하세요, 존스 선생님.

most [moust] 형 가장 많은 ; 대부분의 부 가장 ; 대단히

Most children like hamburgers.

대부분의 아이들은 햄버거를 좋아한다.

mother [mʌ́ðər] 명 어머니

"Where is **Mother**, Dad?"

아빠, 엄마 어디 계세요?

"She is in the kitchen."

부엌에 계신다.

M

motorcycle [móutərsàikl] 명 모터사이클

Billy can drive a **motorcycle**.

빌리는 모터사이클을 탈 줄 안다.

mountain [máuntin] 명 산

"Let's go to the **mountains** next Sunday."

다음 일요일에 산에 가자.

"OK."

좋아.

mouse [maus] 명 생쥐

A **mouse** is a very small animal.

쥐는 아주 작은 동물이다.

The cat caught a **mouse**.

고양이가 쥐 한 마리를 잡았다.

mouth [mauθ] 명 입

"Open your **mouth** wide."

입을 크게 벌려라.

"Yes, doctor."

네, 선생님.

M

move [muːv] 동 움직이다, 옮기다

"I can't **move** this stone."

나는 이 돌을 옮길 수 없어.

"Neither can I."

나도 못 옮겨.

movie [múːvi] 명 영화

"Do you like **movies**?"

영화를 좋아합니까?

"Oh, yes, very much."

아, 예, 매우 좋아합니다.

Mr. [místər] 명 …씨, …선생

"Good morning, **Mr.** Lee."

안녕하세요, 이선생님.

"Good morning, **Mr.** Kim."

안녕하세요, 김선생.

Mrs. [mísiz] 명 …부인, …여사

Mrs. Paula is Billy's wife.

폴라 부인은 빌리의 아내입니다.

This is Mr. and **Mrs.** Green.

이 분들은 그린씨 부부입니다.

M

much [mʌtʃ] 형 많은, 다량의 부 훨씬

"How do you like Korea?"

한국이 어떻습니까?

"I like it very **much**."

아주 좋습니다.

museum [mju(ː)zíːəm] 명 박물관

My class visited a science **museum**.

우리 반은 과학 박물관을 방문했다.

That's the art **museum**.

저것이 미술관이다.

music [mjúːzik] 명 음악

"Let's learn English with **music**."

음악으로 영어를 배웁시다.

"That's great."

그거 멋지네요.

must [mʌst] 조 …해야 한다

"**Must** I go ?"

꼭 가야만 합니까?

"Yes, you **must**."

예, 가야 합니다.

my [mai] 때 나의

"What's your name?"

네 이름은 뭐니 ?

"**My** name is Judy Parker."

내 이름은 주디 파커야.

myself [maisélf] 때 나 자신이 ; 나 자신을

I did it **myself**.

나는 그것을 직접 했다.

Let me introduce **myself**.

제 소개를 하겠습니다.

nail [neil] 몡 손톱, 발톱 ; 못

Cut your **nails**.

손톱을 깎아라.

Pull out the nail.

못을 뽑아라.

name [neim] 몡 이름

"What's your **name**?"

네 이름이 뭐니 ?

"My **name** is Mike."

내 이름은 마이크야.

narrow [nǽrou] 혱 좁은

This road is too **narrow**.

이 길은 너무 좁다.

He has a **narrow** mind.

그는 마음이 좁다.

nation [néiʃən] 몡 국민, 민족, 국가
The Korean **nation** is great.
한국 국민은 위대하다.
America is a big **nation**.
미국은 큰 나라다.

near [niər] 혱 근처의 젠 …의 가까이에

"Where's your house?"
집이 어디니?
"It's **near** the school."
학교 가까이에 있어.

necessary [nésisèri] 혱 필요한
Water is **necessary** for life.
물은 생명을 유지하는 데 필요하다.

neck [nek] 몡 목
A giraffe has a long **neck**.
기린의 목은 길다.
He has a short **neck**.
그는 목이 짧다.

N

need [niːd] 통 필요로 하다
"I **need** some money, Dad."
아빠, 저 돈이 필요해요.
"How much?"
얼마나 ?

net [net] 명 그물
We caught fish in our **nets**.
우리는 그물로 물고기를 잡았다.

never [névər] 부 결코 …하지 않다
Tom is **never** late for school.
톰은 결코 학교에 지각하지 않는다.

new [njuː] 형 새로운
"How do you like my **new** dress?"
내 새 드레스 마음에 드니 ?
"I really like it."
정말로 괜찮은데.

news [nʃuːz] 몡 뉴스, 소식
We hear **news** on the radio.
우리는 라디오로 뉴스를 듣는다.
There is bad **news** to you.
네게 나쁜 소식이 있다.

newspaper [nʃúːzpèipər] 몡 신문
I read the **newspaper**.
나는 신문을 읽는다.

next [nekst] 혱 다음의 뿐 다음에
"What shall I do **next**?"
다음에 무엇을 할까요 ?
"Why don't you wash the dishes?"
설거지를 하는게 어때 ?

nice [nais] 혱 좋은, 유쾌한
It's **nice** to meet you.
만나서 반가워.

night [nait] 몡 밤
"It's bed time."
이제 자거라.
"OK. Good **night**, Mom."
예. 엄마, 안녕히 주무세요.

nine [nain] 몡 9, 9살 혱 9의, 9살의
Nine and **nine** is eighteen.
9 더하기 9 는 18 이다.
My brother is **nine** years old.
내 남동생은 9 살이다.

nineteen [nàintíːn] 몡 19, 19살 혱 19의, 19살의
Open your book at page **nineteen**.
책 19 쪽을 펴라.

ninety [náinti] 몡 90, 90 살 혱 90 의, 90 살의
Count up to **ninety**.
90 까지 수를 세어라.

ninth [nainθ] 명 아홉번째, 9 일
형 아홉번째의, 9 일의
Today is his **ninth** birthday.
오늘은 그의 아홉번째 생일이다.

N

no [nou] 부 아니, 아니오

"Do you like dogs?"
너는 개를 좋아하니 ?
"**No**, I don't."
아니, 좋아하지 않아.

nobody [nóubàdi] 대 아무도 …않다
Nobody can fly like a bird.
새처럼 날 수 있는 사람은 아무도 없다.

noise [nɔiz] 명 시끄러운 소리, 소음
"Don't make any **noise**."
떠들지 마라.
"Sorry, Dad."
죄송해요, 아빠.

N

none [nʌn] 때 아무도 …없다, 조금도 …없다
"How much milk is left?"
우유가 얼마나 남아있니 ?
"**None**."
남은게 조금도 없는데요.

noon [nuːn] 명 정오, 한 낮
I eat lunch at **noon**.
나는 정오에 점심을 먹는다.
I can't meet you at **noon**.
나는 정오에 너를 만날 수 없다.

north [nɔːrθ] 명 북쪽 형 북쪽의
"We have a **north** wind today."
오늘은 북풍이 불어.
"No wonder it's cold."
어쩐지 춥더라.

nose [nouz] 명 코
We smell with our **nose**.
우리는 코로 냄새를 맡는다.

not [nɑt] 부 …아니다, …않다

"Is that a book?"
저건 책이니?
"No, it is **not**."
아니야, 그건 책이 아니야.

note [nout] 명 메모, 기록, 원고

I spoke without a **note**.
나는 원고없이 이야기했다.
I made a **note** of the number.
나는 그 번호를 기록했다.

notebook [nóutbùk] 명 공책

I bought a new **notebook**.
나는 새 공책을 샀다.

nothing [nʌ́θiŋ] 대 아무일도 …아니다

"What's the matter with you?"
무슨 일이 있니?
"**Nothing**."
아무일도 없어.

N

November [no*u*vémbə*r*] 명 11월

The first snow fell in **November**.

첫 눈이 11월에 내렸다.

now [nau] 부 지금, 현재

"What time is it **now**?"

지금 몇 시입니까?

"Ten past five."

5시 10분입니다.

nurse [nə:*r*s] 명 간호사

Susan is a **nurse**.

수잔은 간호사다.

I want to be a **nurse**.

나는 간호사가 되고 싶다.

nut [nʌt] 명 나무 열매, 견과

Many **nuts** grow on trees.

대다수의 견과는 나무에 열린다.

number [nʌ́mbər] 명 숫자

Numbers

one (1)

two (2)

three (3)

four (4)

five (5)

six (6)

seven (7)

eight (8)

nine (9)

ten (10)

eleven (11)

twelve (12)

ocean [óuʃən] 몡 대양, 해양
Ships sail on the **ocean**.
배들이 대양을 항해합니다.

o'clock [əklák] 뮈 …시
"What time is it?"
몇 시 입니까?
"It is nine **o'clock**."
9 시요.

October [ɑktóubər] 몡 10 월
October 3 is a holiday in Korea.
10 월 3 일은 한국에서는 공휴일입니다.

of [ɑv] 전 …의 ; …에 대하여
  Tom is a friend **of** mine.
  톰은 내 친구중 한 사람입니다.

off [ɔːf] 부 떨어져 ; 벗어 전 떨어져
  Keep **off** the grass.
  잔디밭에 들어가지 마시오.

office [ɔ́ːfis] 명 사무실, 회사
  "Where is your father's **office**?"
  너의 아버지 사무실은 어디 있니?
  "It is in Map'o."
  마포에 있어.

often [ɔ́ːfən] 부 자주, 종종, 가끔
  "Do you watch sports programs on TV?"
  TV에서 스포츠 방송을 보니?
  "Yes, very **often**."
  응, 아주 자주 봐.

oh [ou] 갭 오, 어머나
"I bought a new bicycle."
나는 새 자전거를 샀다.
"**Oh**, really?"
아, 정말?

oil [ɔil] 몡 기름, 석유
My bicycle needs some **oil**.
내 자전거는 약간의 기름칠이 필요하다.

OK, okay [óukéi] 혱 뷔 좋다, 됐다
"Is it **OK** to sit here?"
여기 앉아도 됩니까?
"Sure."
물론이지요.

old [ould] 혱 늙은, …살의
"How **old** are you?"
너는 몇살이니?
"I am ten years **old**."
나는 열 살이야.

Olympic [oulímpik] 혱 국제 올림픽 경기의
The Seoul **Olympic** Games were wonderful.
서울 올림픽은 훌륭했다.

on [ɑn] 젼 …의 위에 ; …에 관하여
Dishes are **on** the table.
접시들이 테이블 위에 있다.

once [wʌns] 뿐 한번 ; 이전에
"How often do you go to the movies?"
얼마나 자주 영화를 보러가니 ?
"**Once** a week."
일주일에 한 번.

one [wʌn] 몡 l, l 살 혱 l 의, l 살의
"We need **one** more person to play soccer."
축구를 하는데 선수가 한 사람 모자라.
"I'll join you."
내가 낄게.

only [óunli] 형 단 하나의 부 오직, 겨우

He is an **only** son.

그는 외아들이다.

I have **only** one hundred won.

나는 100 원 밖에 없어요.

0

open [óupən] 동 열다

"Mother, please **open** the door."

엄마, 문 좀 열어주세요.

"OK."

그래.

or [ɔːr] 접 혹은, 또는

"Would you like tea **or** coffee?"

홍차를 드실래요, 커피를 드실래요?

"Tea, please."

홍차를 주세요.

orange [ɔ́ːrindʒ] 명 오렌지, 오렌지 색

"This looks like an **orange**."

이건 오렌지처럼 보이는데.

"It is a lemon."

그건 레몬이야.

organ [ɔ́ːrgən] 명 오르간

"Can you play the **organ**?"

너 오르간 칠 줄 아니 ?

"Yes, I can."

그럼, 칠 줄 알지.

other [ʌ́ðər] 형 다른, 그밖의

"Do you have any **other** questions?"

질문 더 있어요 ?

"No, I don't."

아니오, 없습니다.

ought [ɔːt] 조 …해야만 한다

You **ought** to do your best.

너는 최선을 다해야만 한다.

our [auər] 대 우리의

"**Our** school is old."

우리 학교는 역사가 길어요.

"How old is it?"

얼마나 됐는데 ?

ours [auərz] 데 우리의 것

   "Whose dog is this?"

   이 개 주인이 누구죠 ?

   "It's **ours**."

   우리 개예요.

ourselves [auərsélvz] 데 우리 자신이

   We enjoyed **ourselves** at the party.

   파티는 즐거웠다.

out [aut] 부 밖에, 밖으로

   "Is your mother home now?"

   엄마 집에 계시니 ?

   "No, she is **out**."

   아뇨, 외출하셨어요.

outside [àutsáid] 명 바깥쪽 부 밖에

   Let's go **outside**.

   밖에 나가자.

oven [ʌ́vən] 명 오븐

My mother bakes the cake in the **oven**.

어머니는 오븐에 케이크를 구우십니다.

over [óuvər] 전 …의 위에 부 끝나서

The vacation is **over**.

방학이 끝났다.

There is a bridge **over** the river.

강 위에 다리가 놓여 있다.

own [oun] 형 자기 자신의

"I can cook my **own** meals."

나는 혼자서도 음식을 요리할 수 있어.

"Great!"

기특하구나 !

page [peidʒ] 명 페이지, 쪽
Open the book to **page** fifty-one.
책 51 쪽을 펴시오.

pain [pein] 명 아픔, 고통
"I have a **pain** in my waist."
허리가 아파요.
"Oh, dear!"
저런 !

paint [peint] 명 페인트 동 칠하다

Dad is **painting** the walls.
아빠가 벽에 페인트를 칠하고
계신다.

pair [pɛər] 명 한 쌍, 한 벌

"I bought a **pair** of shoes."
신발을 한 켤레 샀어.
"Let me have a look."
좀 보여줘.

pan [pæn] 명 납작한 냄비

Mom is cooking the fish in a **pan**.
엄마는 냄비에 생선을 요리하고 계신다.

pants [pænts] 명 팬츠, 바지

"Show me some **pants**."
바지 좀 보여주세요.
"Here you are."
여기 있어요.

paper [péipər] 명 종이 ; 신문

"Do you have a sheet of **paper**?"
종이 한 장 있니 ?
"What for?"
무엇에 쓰려고 ?

park [pɑːrk] 명 공원

Park

tree 나무

lawn 잔디

자연보호

ICE CREAM

grass 풀

baby carriage 유모차

bench 벤치

trash can 쓰레기통

pond 연못

P

pardon [páːrdn] 명 용서 동 용서하다
"What's your address?"
댁 주소가 어디세요?
"I beg your **pardon**?"
미안하지만 다시 한번 말해보렴.

parent [pέ(ː)rənt] 명 어버이, 부모
"Are your **parents** at home?"
부모님은 댁에 계시니?
"No, they are out now."
아뇨, 지금 외출중이세요.

parrot [pǽrət] 명 앵무새
The **parrot** said "Hello."
앵무새가 「안녕」하고 말했다.

part [pɑːrt] 명 일부, 부분
Mom cut the cake into five **parts**.
엄마가 케이크를 다섯 조각으로 자르셨다.

party [pάːrti] 명 파티, 모임

"Please come to my birthday **party**."

내 생일파티에 와줄래.

"Sure."

물론 갈게.

pass [pæs] 동 지나가다 ; 건네주다 ; 합격하다

"**Pass** me the salt, please."

소금 좀 건네 줄래.

"Here you are."

여기 있어.

past [pæst] 명 과거 형 지나간 전 …을 지나서

"What time is it now?"

지금 몇 시니 ?

"It's half **past** two."

2 시 30 분이야.

pay [pei] 동 돈을 치르다

"How much did you **pay** for the book?"

그 책 얼마 줬니 ?

"Nine dollars."

9 달러.

peace [piːs] 명 평화

Everyone wants world **peace**.

누구나 세계 평화를 바랍니다.

peach [piːtʃ] 명 복숭아

"What would you like for dessert?"

디저트로 뭘 먹을래?

"I'd like to have a **peach**."

복숭아가 좋겠는걸.

peanut [píːnʌt] 명 땅콩

Tom likes to eat **peanut** butter on breads.

톰은 빵에 땅콩 버터를 발라 먹는 걸 좋아한다.

pear [pɛər] 명 배

This **pear** is sweet.

이 배는 달다.

pen [pen] 명 펜

Write with a **pen**.
펜으로 쓰세요.

pencil [pénsl] 명 연필

"Do you have a **pencil**?"
연필 있습니까 ?
"No, I don't, but I have a pen."
아뇨, 연필은 없고 펜은 있어요.

penguin [péŋgwin] 명 펭귄

A **penguin** cannot fly.
펭귄은 날지 못합니다.

people [píːpl] 명 사람들 ; 국민

"How many **people** are there?
거기에 사람이 몇 명이나 있죠 ?
"Just a minute. I'll count them."
잠깐만요. 세어볼게요.

perhaps [pərhǽps] 부 아마

"Am I right?"

내 말이 맞지 ?

"**Perhaps**."

아마 그럴거야.

person [pə́ːrsn] 명 사람

"Who is that **person**?"

저 분은 누구시니 ?

"He is Mr. Green, my teacher."

그린씨야. 우리 선생님이셔.

pet [pet] 명 애완동물

"Do you have a **pet**?"

애완 동물을 기르니 ?

"Yes, I have a dog."

응, 개를 한 마리 길러.

photo [fóutou] 명 사진

I'll take a **photo** of you.

내가 사진을 찍어 줄게.

photograph [fóutəgræf] 명 사진
"Will you take a **photograph** of me?"
사진 좀 찍어 줄래?
"Sure."
그래.

piano [piǽnou] 명 피아노
I love to play the **piano**.
나는 피아노 치는 걸 좋아합니다.

pick [pik] 동 따다 ; 골라잡다
"What are you doing this weekend?"
이번 주말에 뭐 할 거니?
"I am going to **pick** grapes."
포도를 딸거야.

picnic [píknik] 명 피크닉, 소풍
Let's go on a **picnic**.
우리 피크닉 가자.

picture [píktʃər] 몡 그림 ; 사진
  I like to draw a **picture**.
  나는 그림 그리기를 좋아합니다.

pie [pai] 몡 파이
  "How about a piece of apple **pie**?"
  사과 파이 한 조각 어떠니?
  "Sounds great!"
  그거 좋지.

piece [piːs] 몡 조각 ; 일부
  "Another **piece** of cake?"
  케이크 한 쪽 더?
  "No, thanks."
  아냐, 됐어.

pig [pig] 몡 돼지
  The farmer keeps **pigs**.
  그 농부는 돼지를 기르고 있습니다.

pilot [páilət] 명 조종사
"What is he?"
그분은 무엇을 하시니 ?
"He is a **pilot**."
조종사입니다.

P

pin [pin] 명 핀
"Do you have a **pin**?"
핀 가진 거 있니 ?
"Yes, I do. Here."
응, 여기.

pine [pain] 명 솔, 소나무

Look at that big **pine** tree.
저 큰 소나무를 봐라.

pineapple [páinæpl] 명 파인애플
I like **pineapple** juice.
나는 파인애플 주스를 좋아해요.

pink [piŋk] 명 핑크색, 분홍색

"What's your favorite color?"
좋아하는 색이 뭐니?
"Pink."
분홍색이야.

P

pipe [paip] 명 파이프, 관
This **pipe** is long.
이 파이프는 길다.

pitcher [pítʃər] 명 투수
"Who is the **pitcher**?"
투수가 누구니?
"Tom."
톰이야.

pizza [píːtsə] 명 피자
"What would you like?"
너는 무엇을 좋아하니?
"I like some **pizza**."
나는 피자가 좋아.

place [pleis] 명 장소, 곳

"This is a nice **place**, isn't it?"

멋진 곳이죠?

"Yes. I love the view."

그래요. 경치가 좋은데요.

plan [plæn] 명 계획

"Do you have any **plan** for tomorrow?"

내일 계획이 있니?

"No, I don't."

아니, 없어.

plane [plein] 명 비행기

"What time does the **plane** leave?"

비행기는 몇 시에 뜹니까?

"At nine."

9시입니다.

plant [plænt] 명 식물 동 심다

Flowers and trees are **plants**.

꽃과 나무는 식물입니다.

play [plei] 동 (경기를) 하다 ; 놀다 ; 연주하다
"My brother **plays** tennis very well."
우리 형은 테니스를 아주 잘 해.
"How about you?"
너는 ?

player [pléiər] 명 경기자 ; 연주자
"What do you want to become?"
장래에 무엇이 되고 싶니 ?
"A baseball **player**."
야구선수.

playground [pléigràund] 명 운동장
This is the **playground** of our school.
여기가 우리 학교 운동장입니다.

pleasant [pléznt] 형 즐거운, 유쾌한
"It's **pleasant** to swim."
수영을 하면 기분이 좋아져.
"That's right."
맞아.

please [pliːz] 통 제발 (…해 주세요)

"May I borrow your pencil, **please**?"

연필 좀 빌려 주시겠어요?

"Sure."

물론이지.

p.m., P.M. [píːém] 약 오후

"Let's meet here at 5 p.m."

오후 5 시에 여기서 만나자.

"OK, let's."

좋아, 그러자.

pocket [pákit] 명 호주머니

"What's in your **pockets**?"

호주머니 속에 뭐가 있니?

"I've some candies."

사탕이 좀 있어.

point [pɔint] 명 뾰족한 끝 ; 점 ; 장소 ; 요점

That's my **point**.

그것이 내가 말하고 싶은 점이야.

P

police [pəlíːs] 명 경찰
"Call the **police**! There's an accident."
경찰을 불러 ! 사고가 났어.
"OK, I'll call."
알았어. 부를게.

pond [pɑnd] 명 연못
Don't swim in this **pond**.
이 연못에서 수영하지 마시오.

pool [puːl] 명 풀, 수영장
"Our school has a swimming **pool**."
우리 학교에는 수영장이 있어.
"Is it large?"
크니 ?

poor [puə*r*] 형 가난한 ; 불쌍한
"I lost my bag today."
오늘 가방을 잃어버렸어.
"**Poor** Su-jin!"
안됐구나 수진아 !

popcorn [pápkɔ̀ːrn] 명 팝콘

We ate **popcorn** at the movies.

우리는 극장에서 팝콘을 먹었습니다.

popular [pápjulər] 형 인기있는

"Do you like that singer?"

저 가수 좋아하니 ?

"Yes. His songs are **popular** with pupils."

응. 그의 노래는 학생들에게 인기 있어.

post [poust] 명 우편, 우편물

Go and send this letter by **post**.

가서 이 편지를 우편으로 보내라.

poster [póustər] 명 포스터, (광고) 전단

The **poster** is put up on the wall.

벽에 포스터가 붙어 있다.

postman [póustmən] 명 우편 집배원
My father is a **postman**.
우리 아버지는 우편 집배원입니다.

pot [pɑt] 명 단지, 항아리
"What is there in the **pot**?"
단지 안에 무엇이 들어 있니 ?
"Nothing."
아무것도 없어.

potato [pətéitou] 명 감자

"I like fried **potatoes**."
나는 감자튀김을 좋아해.
"I like baked **potatoes**."
난 구운 감자가 좋더라.

power [páuər] 명 힘
Grandpa has no **power**.
할아버지는 힘이 없으십니다.

practice [prǽktis] 명 연습 통 연습하다

I **practice** the piano.
나는 피아노 연습을 한다.

P

pray [prei] 통 빌다, 기도하다
We **prayed** for rain.
우리는 비가 오기를 기원했다.

prefer [prifə́:ɾ] 통 오히려 …을 좋아하다
"Would you like some milk?"
우유 좀 마실래 ?
"I'd **prefer** juice."
나는 주스가 더 좋은데.

present [préznt] 명
선물
"This is for you."
이거 네 것이야.
"A **present** for me?"
내 선물이란 말이야 ?

president [prézidənt] 명 대통령
Lincoln was famous **president**.
링컨은 유명한 대통령이었습니다.

pretty [príti] 형 예쁜, 귀여운

"Thank you for the **pretty** flowers."
예쁜 꽃 고마워.
"I'm glad you liked them."
마음에 들었다니 기뻐.

price [prais] 명 값, 가격
"What is the **price** of this toy?"
이 장난감의 값은 얼마죠?
"It's twenty dollars."
20 달러예요.

print [print] 명 인쇄 동 인쇄하다
"Does the book have clear **print**?"
그 책은 인쇄가 선명합니까?
"Yes."
그렇습니다.

prize [praiz] 명 상, 상품

"He won the first **prize**."
그가 일등상을 탔어.
"Wow! He was lucky!"
와 ! 운이 좋았군 !

probably [prábəbli] 부 아마

"Will you come tomorrow?"
내일 올 거니 ?
"**Probably**."
아마 그럴거야.

problem [prábləm] 명 문제

"May I use your telephone?"
전화 좀 쓸 수 있을까요 ?
"No **problem**."
그럼요.

promise [prámis] 명 약속 동 약속하다

"Keep your **promise**."
약속을 지켜.
"Yes, I **promise**."
그래, 약속해.

proud [praud] 형 자랑스러운

"I'm **proud** of you."

네가 자랑스러워.

"Oh, thank you."

고마워.

pull [pul] 동 끌다, 당기다

"**Pull** the door."

문을 끌어당겨.

"I see."

알았어.

pumpkin [pʌ́mpkin] 명 호박

I like a **pumpkin** pie for dessert.

나는 디저트로 호박 파이를 좋아합니다.

pupil [pjúːpil] 명 (초등) 학생

There are 35 **pupils** in our class.

우리반에는 35 명의 학생이 있습니다.

puppy [pʌpi] 몡 강아지

"My **puppies** are very pretty."
우리 강아지들은 너무 귀여워.
"I want to see them."
보고 싶다.

purse [pəːrs] 몡 지갑

"I lost my **purse**."
지갑을 잃어버렸어.
"That's too bad."
그거 참 안됐구나.

push [puʃ] 통 밀다

"**Push** the door open."
문을 밀어서 열어라.
"All right."
알았어요.

put [put] 통 놓다, 두다

"**Put** the box on the table."
그 상자를 탁자 위에 놓아라.
"Yes, Mom."
네, 엄마.

puzzle [pʌ́zl] 몡 퍼즐, 수수께끼

A **puzzle** is a interesting game.

퍼즐은 재미있는 게임입니다.

quarter [kwɔ́ːrtər] 몡 4 분의 1 ; 15 분
"What is the time?"
몇시죠?
"It is a **quarter** to six."
6 시 15 분전이예요.

queen [kwiːn] 몡 여왕 ; 왕비

She became a **queen**.
그녀는 여왕이 되었다.

question [kwéstʃən] 몡 질문 ; 문제
"May I ask you a **question**?"
질문해도 됩니까?
"Go ahead."
어서 하세요.

quick [kwik] 휑 빠른
Be **quick**!
빨리 해라 !

quickly [kwíkli] 튄 빨리
"Bring some water **quickly**."
물 좀 빨리 가져다줘.
"Of course. Here you are."
그래. 여기 있어.

quiet [kwáiət] 휑 조용한
"Be **quiet**!"
조용히 해 !
"Yes, Dad."
네, 아빠.

quietly [kwáiətli] 튄 조용히
"Speak **quietly**, please."
조용히 좀 얘기 하세요.
"Sorry."
죄송해요.

quite [kwait] 부 아주, 완전히

"I'm sorry."

미안해요.

"That's **quite** all right."

괜찮아요.

quiz [kwiz] 명 질문, 퀴즈

"I'll give you a **quiz**."

내가 퀴즈 하나 낼게.

"OK."

좋아.

rabbit [rǽbit] 명 토끼

Rabbits have long ears.
토끼는 귀가 길다.

race [reis] 명 경주

"Let's have a **race**."
경주하자.
"Yes, let's."
그래, 하자.

racket [rǽkit] 명 (테니스의) 라켓

I bought a new **racket** yesterday.
나는 어제 새 라켓을 샀다.

radio [réidiòu] 명 라디오

Can I turn on the **radio**?
라디오를 켜도 될까요?

railroad [réilròud] 명 철도

"Are you going to travel by bus?"
버스로 여행하실 건가요?
"No, we are going by **railroad**."
아니요, 철도를 이용할 겁니다.

R

rain [rein] 명 비

"How's the weather today?"
오늘 날씨는 어떤가요?
"It looks like **rain**."
비가 올 것 같아요.

rainbow [réinbòu] 명 무지개

"Look at that **rainbow**."
저 무지개 좀 봐.
"Oh, wonderful!"
야, 굉장하군.

raincoat [réinkòut] 똉 레인코트, 비옷

My **raincoat** is yellow.

내 비옷은 노란색이다.

Judy put on her **raincoat**.

주디는 비옷을 입었다.

rainy [réini] 톙 비오는

It is **rainy** today.

오늘은 비가 옵니다.

I hate **rainy** days!

비오는 날은 질색이야.

ran [ræn] 똉 달렸다

★ **run** 의 과거형

I **ran** first in the race.

달리기에서 1등 했어요.

rat [ræt] 똉 쥐

Cats catch **rats**.

고양이는 쥐를 잡는다.

read [riːd] 통 읽다
"Do you like to **read**?"
너는 책 읽는 것을 좋아하니 ?
"Yes, I do very much."
그럼, 좋아하고 말고.
★ 과거형 **read** [red]

ready [rédi] 형 준비가 된
"Are you **ready**?"
준비됐니 ?
"Yes, I am."
그래, 준비됐어.

real [ríːəl] 형 현실의, 실제의 ; 진짜의
The story is not **real**.
그 이야기는 사실이 아니다.
This is a **real** diamond.
이것은 진짜 다이아몬드입니다.

really [ríːəli] 부 참으로, 정말로
"I must go now."
이제 가야만해.
"**Really**?"
정말 ?

receive [risíːv] 통 받다
I **received** a letter from him.
나는 그에게서 편지를 받았다.

record [rékərd] 명 기록 ; 레코드, 음반
She holds the world's **record**.
그녀는 세계기록 보유자다.
Please play the **record**.
레코드를 틀어 주세요.

recorder [rikɔ́ːrdər] 명 녹음기
You can use my tape **recorder**.
내 테이프 녹음기를 사용해도 좋아요.

red [red] 형 빨간
"What color is your bag?"
네 가방은 무슨 색이니?
"It's **red**."
빨간색이야.

refrigerator [rifrídʒərèitər] 명 냉장고

"Do we have any juice, Mom?"
엄마 우리 주스 있어요?
"Check in the **refrigerator**."
냉장고를 보렴.

remember [rimémbər] 동 기억하다

"Do you **remember** me, Susan?"
수잔, 나를 기억하겠니?
"Yes, of course."
물론이지.

R

repair [ripέər] 동 수리하다

He **repaired** the clock.
그는 시계를 수리했다.

repeat [ripíːt] 동 되풀이하다

"**Repeat** after me."
따라하세요.
"Yes, sir."
네, 선생님.

reply [riplái] 몡 대답 툉 대답하다

I wait for your **reply**.

나는 당신의 회답을 기다립니다.

Please **reply** to my question.

내 질문에 대답해 주세요.

rest [rest] 몡 휴식 툉 쉬다

"Let's take a **rest** here."

여기서 좀 쉬자.

"OK."

좋아.

restaurant [réstərənt] 몡 음식점, 레스토랑

"Let's go to the Chinese **restaurant**."

중국 음식점에 가자.

"OK."

좋아.

return [ritə́ːrn] 툉 돌아오다 ; 돌려주다

Swallows **return** every spring.

제비는 매년 봄에 돌아온다.

ribbon [ríbən] 명 리본

"Your **ribbon** is pretty."
네 리본이 예쁘구나.
"Thank you."
고마워.

rice [rais] 명 쌀, 밥

"Do you eat **rice** every day?"
너는 매일 밥을 먹니?
"Yes. At least twice a day."
그럼. 적어도 하루에 두번은.

R

rich [ritʃ] 형 부자의, 부유한

He is **rich**.
그는 부자다.

ride [raid] 동 타다

"Can you **ride** a bicycle?"
너는 자전거를 탈 줄 아니?
"Yes, I can."
응, 탈 줄 알아.

right [rait] 몡 오른쪽 혭 오른쪽의

Go to the **right**.
오른쪽으로 가시오.

ring¹ [riŋ] 동 (종·전화가) 울리다
"The telephone is **ringing**."
전화가 울리고 있어요.
"I'll answer it."
내가 받을게.

ring² [riŋ] 명 반지
"Who gave you that **ring**?"
누가 그 반지를 주었니?
"My friend."
제 친구가 줬어요.

rise [raiz] 동 오르다, 떠오르다 ; 일어나다
The sun **rises** in the east.
해는 동쪽에서 떠오른다.
I **rise** early in the morning.
나는 아침에 일찍 일어난다.
★ 과거형 **rose** [rouz]

river [rívər] 명 강
  I swim in the **river**.
  나는 강에서 수영한다.
  I like fishing in the **river**.
  나는 강에서 낚시질하기를 좋아한다.

road [roud] 명 길, 도로
  "Don't play on the **road**."
  길에서 놀지 마라.
  "Yes, Dad."
  알았어요, 아빠.

robot [róubat] 명 로봇
  "This **robot** can speak."
  이 로봇은 말을 할 수 있어요.
  "Oh, really?"
  오, 정말로?

rock [rak] 명 바위
  Rocks are heavy.
  바위는 무겁다.

rocket [rákit] 명 로켓

"Did you see a **rocket**?"

로켓을 보았니?

"Yes, I did."

응, 보았어.

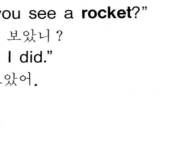

rode [roud] 동 탔다

★ **ride** 의 과거형

I **rode** in a train.

나는 열차를 탔다.

roll [roul] 동 굴리다, 구르다

A coin **rolled** under the table.

동전이 테이블 밑으로 굴러갔다.

The ball **rolled** down the hill.

공이 언덕을 굴러 내려갔다.

roof [ruːf] 명 지붕

A cat sits on the **roof**.

고양이가 지붕 위에 앉아 있다.

room [ru(ː)m] 명 방

"Whose **room** is this?"
이것은 누구 방이니 ?
"It's mine."
제 방이에요.

rope [roup] 명 밧줄, 로프

She likes to jump **rope**.
그녀는 줄넘기를 좋아한다.

R

rose [rouz] 명 장미

Roses smell sweet.
장미는 향기가 좋다.

round [raund] 형 둥근

The earth is **round**.
지구는 둥글다.
Do you want a **round** table?
당신은 둥근 테이블을 원하십니까 ?

row¹ [rou] 명 줄, 열

The birds sat in a **row**.

새들은 일렬로 앉았다.

row² [rou] 동 (배를) 젓다

"Can you **row** a boat?"

노를 저을 줄 아니?

"Yes, I can."

응, 알고 말고.

rule [ruːl] 명 규칙

We keep the **rules** of the school.

우리는 학교 규칙에 따른다.

ruler [rúːlər] 명 자

"Can I use your **ruler**?"

자 좀 써도 됩니까?

"Sure. Go ahead."

그럼요. 어서 쓰세요.

run [rʌn] 동 달리다

"Let's **run** and catch that bus."

뛰어가서 저 버스를 타자.

"OK, let's."

좋아, 해보자.

sad [sæd] 형 슬픈, 슬픔에 잠긴

"I'm very **sad**."

나 매우 슬퍼.

"Why? What happened?"

왜? 무슨 일 있니?

safe [seif] 형 안전한

"Is this subway **safe**?"

이 지하철은 안전합니까?

"Yes, it is."

네, 그럼요.

said [sed] 동 말했다

★ **say** 의 과거형

"Be quiet!" **said** Mr. Jones.

「조용히 해봐」라고
존스 선생님이 말씀하셨다.

salad [sǽləd] 명 샐러드
"Have some more **salad**, Tom."
톰, 샐러드 좀 더 먹을래.
"No thanks."
아뇨, 됐어요.

salt [sɔːlt] 명 소금
"Please pass me the **salt**."
소금 좀 건네 주세요.
"Here you are."
여기 있습니다.

S

same [seim] 대 같은 것 형 같은
"A hamburger, please."
햄버거 하나 주세요.
"**Same** for me, please."
저도 같은 걸로 주세요.

sand [sænd] 명 모래
"Children like to play with the **sand**."
아이들은 모래를 가지고 놀기를 좋아해요.

"Yes, they do."
네, 그래요.

sandwich [sǽndwitʃ] 명 샌드위치
"Do you like **sandwiches**, Judy?"
주디, 샌드위치 좋아하니?
"Yes, I do."
그래, 좋아해.

sang [sæŋ] 동 노래했다

★ **sing** 의 과거형
Judy **sang** to the baby.
주디는 아기에게 노래를
불러주었다.

Santa Claus [sǽntə klɔ́ːz] 명 산타클로스
"When does **Santa Claus** come?"
산타클로스는 언제 오죠?
"He comes on Christmas Eve."
크리스마스 전날 밤에 온단다.

sat [sæt] 동 앉았다
★ **sit** 의 과거형
The bird **sat** on the
fence.
새가 담장 위에 앉았다.

Saturday [sǽtərdi] 명 토요일

"Shall we see a movie this **Saturday**?"

이번주 토요일에 영화 보러 갈래?

"Great."

좋지.

saw [sɔː] 동 보았다

★ **see** 의 과거형

We **saw** elephants at the zoo.

우리는 동물원에서 코끼리를 보았다.

say [sei] 동 말하다

"**Say** 'Sorry' to Jin-a."

진아에게 미안하다고 말해라.

"Sorry."

미안해.

S

science [sáiəns] 명 과학

In-ho likes **science** class.

인호는 과학 시간을 좋아한다.

school [skuːl] 몡 학교 ; 수업

School

flag 기

horizontal bar
철봉

flower bed 화단

sandbox
모래밭

jungle gym
정글짐

school bus 스쿨 버스

elementary school 초등학교

gymnasium 체육관

swimming pool 수영장

playground 운동장

gate 문

scissors [sízərz] 명 가위
This pair of **scissors**
doesn't cut well.
이 가위는 잘 들지 않는다.

score [skɔːr] 명 득점, 스코어

"What's the **score**?"
스코어가 어떻게 되니?
"Five to three."
5 대 3 이야.

season [síːzn] 명 계절
"Which **season** do you like?"
너는 어떤 계절이 좋으니?
"I like summer."
여름이 좋아.

seat [siːt] 명 자리, 좌석
"Is this **seat** taken?"
여기 자리 있는 건가요?
"Yes, it is."
네, 있습니다.

seat belt [síːt bèlt] 명 안전띠
Put on your **seat belt**.
안전띠를 매주세요.

second[1] [sékənd] 명 두번째, 2 일 형 두번째의
"What's the date today?"
오늘은 며칠입니까?
"It's the **second** of June.
6 월 2 일입니다.

second[2] [sékənd] 명 초
Wait a **second**, please.
잠깐만 기다려 주세요.

S

see [siː] 동 보다 ; 만나다
"Bye-bye."
안녕.
"**See** you tomorrow."
내일 보자.

sea [siː] 명 바다

The Sea

dolphin 돌고래

ship 배

surfing 서핑

fish 물고기

diver 잠수부

wave 파도

sand castle 모래성

tube 튜브

swimsuit 수영복

seashell 조개껍데기

sea gull 갈매기

lighthouse 등대

whale 고래

shark 상어

octopus 낙지

squid 오징어

포스다!!

turtle 바다거북

crab 게

seem [siːm] 동 …인 것 같다

"Jane **seems** angry."
제인이 화난 것 같아.
"Oh, really?"
오, 정말?

sell [sel] 동 팔다 ; 팔리다

"Do you **sell** sugar?"
설탕 팝니까?
"Yes, we do."
네, 팔아요.

send [send] 동 보내다

"How many cards did you **send**?"
카드를 몇장이나 보냈니?
"About twenty."
20 장쯤.

sent [sent] 동 보냈다

★ **send** 의 과거형
Judy **sent** me a letter.
주디는 내게 편지를 보냈다.

September [septémbər] 명 9월

September comes after August.

9월은 8월 다음에 온다.

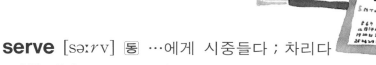

serve [səːrv] 동 …에게 시중들다 ; 차리다

"Shall I **serve** you?"

시중들어 드릴까요 ?

"Yes, thank you."

네, 고맙습니다.

set [set] 동 놓다 ; (해나 달이) 지다

Su-jin **set** a vase on the table.

수진이는 테이블 위에 꽃병을 놓았다.

★ 과거형 **set** [set]

seven [sévən] 명 7, 7살 형 7의, 7살의

"How old is your sister?"

네 여동생 몇살이니 ?

"She is **seven**."

7 살이야.

seventeen [sèvəntíːn] 몡 17, 17 살 혱 17 의, 17 살의
"What's your number?"
너는 몇번이니 ?
"My number is **seventeen**."
나는 17 번이야.

seventh [sévənθ] 몡 일곱번째, 7 일 혱 일곱번째의
He is the **seventh** President.
그는 제 7 대 대통령이다.

seventy [sévənti] 몡 70, 70 살 혱 70 의, 70 살의
"My grandfather is **seventy**."
우리 할아버지는 70 세셔.
"My grandmother is **seventy**,
too."
우리 할머니도 70 세신데.

shake [ʃeik] 됭 흔들다
Don't **shake** the tree.
나무를 흔들지 마라.

shall [ʃæl] 조 …할까요 ; …일 것이다
"**Shall** we sing this song?"
우리 이 노래 부를래 ?
"Yes, let's."
그래, 부르자.

shape [ʃeip] 명 모양

"What **shape** is the ball?"
그 공은 어떤 모양입니까 ?
"It's a round."
둥근 모양입니다.

S

sharp [ʃɑːɾp] 형 날카로운, 잘 드는
Use a **sharp** pencil.
끝이 뾰족한 연필을 사용하세요.

she [ʃiː] 대 그녀는, 그녀가
"Is Su-jin home?"
수진이 집에 있어요 ?
"No, **she** is not."
아니, 없는데.

sheep [ʃiːp] 몡 양

"Mom, I can't get to sleep."
엄마, 잠이 안 와요.
"Count **sheep**."
양들을 세어 보렴.
★ 복수형 **sheep** [ʃiːp]

sheet [ʃiːt] 몡 시트 ; …장

"Can I have two **sheets** of paper?"
종이 두 장 있니 ?
"Yes. They're on my desk."
응. 내 책상 위에 있어.

shine [ʃain] 동 빛나다

The sun is **shining**.
· 태양이 빛나고 있다.

ship [ʃip] 몡 배

"Where did Dad go today?"
오늘 아버지는 어디 가셨니 ?
"He went fishing by **ship**."
배 타고 낚시하러 가셨어.

shirt [ʃəːrt] 몡 셔츠

"Grandma bought this **shirt** for me."
할머니께서 이 셔츠를 사주셨어요.
"That's nice."
멋있구나.

shoe [ʃuː] 몡 신, 구두

"Tie my **shoe**, please."
신발 끈 좀 매주세요.
"All right."
그러자구나.

S

shone [ʃoun] 됭 빛났다

★ **shine** 의 과거형
The moon **shone** in my window.
달빛이 창가에 비쳤다.

shoot [ʃuːt] 됭 쏘다 ; 던지다

Jim **shot** a basket ball
at the basket.
짐은 바스켓에 농구공을
던졌다.
★ 과거형 **shot** [ʃat]

shop [ʃɑp] 몡 가게

"Is there a fruit **shop** near?"

근처에 과일 가게가 있나요?

"Yes, there is."

그럼, 있지요.

shopping [ʃápiŋ] 몡 쇼핑, 물건사기

"Shall we go **shopping**?"

쇼핑 갈까?

"Fine."

좋아요.

short [ʃɔːrt] 형 짧은 ; 키가 작은

"That is Jin-a."

쟤가 진아란다.

"She is **short**."

키가 작구나.

should [ʃud] 좁 **shall** 의 과거형

"You **should** stop smoking, Dad."

아빠, 담배 좀 끊으세요.

"All right. I'll try."

그래. 그리 해보마.

◆「…해야 한다」라는 의미로 쓰였음.

shoulder [ʃóuldər] 몡 어깨

Tom carried his bag on his **shoulder**.

톰이 가방을 어깨에 멨다.

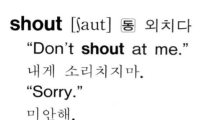

shout [ʃaut] 동 외치다

"Don't **shout** at me."

내게 소리치지마.

"Sorry."

미안해.

S

show [ʃou] 동 보이다

"I got a pen yesterday."

어제 펜을 샀어.

"**Show** it to me."

나 좀 보여줘.

shower [ʃáuər] 몡 소나기 ; 샤워

"May I take a **shower**?"

샤워해도 될까요?

"Certainly."

그럼.

shut [ʃʌt] 〔동〕 닫다 ; 다물다
"Please **shut** the door."
문 좀 닫아라.
"All right."
알았어요.

sick [sik] 〔형〕 병난

"Why is In-ho absent today?"
인호는 오늘 왜 결석했지 ?
"Because he is **sick**."
아파서요.

side [said] 〔명〕 쪽 ; 옆
"Is it on this **side**?"
그것은 이쪽에 있나요 ?
"No, it's on the other **side**."
아뇨, 반대쪽에 있어요.

sight [sait] 〔명〕 시력 ; 경치
What a beautiful **sight**!
정말 아름다운 경치구나 !

sign [sain] 명 기호 ; 신호 ; 표지

There are many kinds of street **signs**.
여러 가지 도로 표지판이 있다.

signal [sígnəl] 명 신호 ; 신호기

A red light is a **signal** of danger.
빨간 불은 위험 신호다.

S

silent [sáilənt] 형 말없는, 고요한

It was a **silent** night.
고요한 밤이었다.

silver [sílvər] 명 은 형 은의

"That's a pretty **silver** ring."
예쁜 은반지로구나.
"Thank you."
고마워.

simple [símpl] 형 단순한, 간단한
"May I ask you a **simple** question?"
간단한 질문 하나 해도 될까?
"Certainly. What's it?"
물론이지. 뭔데?

since [sins] 전 …이래, …로부터 접 …한 이래
It is two days **since** we had snow.
눈이 온지 이틀째다.

sing [siŋ] 동 노래하다
"Let's **sing** together."
우리 함께 노래하자.
"Oh, yes."
아, 좋아.

singer [síŋər] 명 가수
She is a fine **singer**.
그녀는 훌륭한 가수다.

single [síŋgl] 혱 단 하나의 ; 혼자의
"Is your sister married?"
너의 언니는 결혼했니 ?
"No, she is **single**."
아니, 미혼이야.

sir [sə:r] 몡 님, 선생님

"Good morning, **sir**."
안녕하세요, 선생님.
"Good morning, Judy."
잘 있었니, 주디.

S

sister [sístər] 몡 자매
"Do you have any **sisters**?"
너는 자매가 있니 ?
"Yes, I have two **sisters**."
응, 둘 있어.

sit [sit] 동 앉다
"Please **sit** down."
앉으세요.
"Thank you."
고맙습니다.

six [siks] 명 6, 6 살 형 6 의, 6 살의
"How tall are you?"
키가 얼마입니까?
"I'm **six** feet."
6 피트인데요.

sixteen [sìkstíːn] 명 16, 16 살 형 16 의, 16 살의

열여섯
이예요.

I'm **sixteen** years old.
나는 16 살입니다.

S

sixty [síksti] 명 60, 60 살 형 60 의, 60 살의
"How much is this racket?"
이 라켓 얼마예요?
"It's **sixty** dollars."
60 달러예요.

size [saiz] 명 크기, 사이즈
"What **size** socks do you wear?"
양말 사이즈는 얼맙니까?
"235 mm."
235 밀리미터예요.

skate [skeit] 몡 스케이트 몡 스케이트를 타다
"Let's go **skating**."
스케이트 타러 가자.
"Good idea."
좋아.

sketch [sketʃ] 몡 스케치 몡 스케치하다

"What's Johnny doing?"
조니는 뭐하고 있니?
"He is **sketching** the lake."
호수를 스케치하고 있어.

ski [ski:] 몡 스키 몡 스키를 타다
"Can you **ski**?"
너 스키 탈 줄 아니?
"No, I can't."
아니, 못 타.

skirt [skəːrt] 몡 스커트, 치마
Mom wore a red **skirt**.
엄마는 빨간 치마를 입으셨다.

sky [skai] 몡 하늘

"Hey, look at the **sky!**"
여, 하늘 좀 봐!
"It looks like rain."
비가 올 것 같은데.

sled [sled] 몡 썰매

In-su is riding on a **sled**.
인수는 썰매를 타고 있다.

S

sleep [sli:p] 몡 잠 통 잠자다

"Did you **sleep** well last night?"
어젯밤에 잘 잤니?
"Yes, I did."
네, 잘 잤어요.

slide [slaid] 몡 미끄럼틀 통 미끄러지다

"Let's play on the **slide**."
미끄럼틀 타고 놀자.
"That's OK."
좋아.

slipper [slípər] 몡 슬리퍼, 실내화
We wear **slippers** in the classroom.
우리는 교실에서 실내화를 신는다.

slow [slou] 옝 느린
Tortoises are very **slow**.
거북은 매우 느리다.
★ tortoise [tɔ́ːrtəs] 몡 거북

slowly [slóuli] 뷰 천천히
"Please speak more **slowly**."
좀더 천천히 말씀해 주세요.
"Sure."
그러지요.

small [smɔːl] 옝 작은
"It's a **small** world."
세상 참 좁다.
"Yes, it sure is."
응, 정말 그래.

smell [smel] 동 냄새맡다 ; 냄새가 나다
"This bread is fresh from the oven."
이 빵은 오븐에서 막 구워낸 거야.
"It **smells** good!"
맛있는 냄새가 난다 !

smile [smail] 명 미소 동 미소짓다
"Take my picture."
사진 좀 찍어 주세요.
"OK. Now **smile**!"
그러죠. 자, 웃으세요 !

S

smoke [smouk] 명 연기 동 담배를 피우다
"May I **smoke**?"
담배를 피워도 될까요 ?
"I'm sorry, but you can't."
죄송하지만, 안됩니다.

smoking [smóukiŋ] 명 흡연

No **Smoking**.
금연.

snow [snou] 명 눈 동 눈이 내리다

"I am really cold, Mom."

엄마, 정말 추워요.

"Oh! It's **snowing** outside."

어! 밖에 눈이 오네.

snowman [snóumæn] 명 눈사람

The boys are making a **snowman**.

소년들은 눈사람을 만들고 있다.

so [sou] 부 그렇게

"This is too difficult."

이건 너무 어려워.

"I don't think **so**."

나는 그렇게 생각하지 않아.

soap [soup] 명 비누

"Two cakes of **soap**, please."

비누 두 장 주세요.

"Here you are."

여기 있습니다.

soccer [sákər] 명 축구

Soccer

goal area
골 에어리어

touchline
터치라인

penalty area
페널티 에어리어

referee 주심

right winger
라이트 윙

center forward
센터 포워드

left winger
레프트 윙

inside left
인사이드 레프트

inside right
인사이드 라이트

halfway line
중앙선

center circle
센터 서클

left half
레프트 하프

right half
라이트 하프

right back
라이트 백

left back 레프트 백

center half
센터 하프

goalkeeper 골키퍼

goalpost 골포스트

goal line 골 라인

social [sóuʃəl] 형 사회적인
　Man is a **social** animal.
　인간은 사회적인 동물이다.

sock [sɑk] 명 양말
　"Where is my **sock**, Mom?"
　엄마, 내 양말 한 짝 어디 있어요?
　"It's under your desk."
　네 책상 밑에 있잖아.

sofa [sóufə] 명 소파

　　　　　　"May I sit on this **sofa**?"
　　　　　　이 소파에 앉아도 돼?
　　　　　　"Of course."
　　　　　　물론이야.

soft [sɔːft] 형 부드러운, 폭신한
　"Do you like a **soft** bed?"
　폭신한 침대를 좋아하니?
　"No, I prefer a hard one."
　아니, 난 딱딱한 게 더 좋아.

sold [sould] 동 팔았다

★ **sell** 의 과거형

Sold out today.

오늘은 물건이 다 팔렸음.

some [sʌm] 형 얼마간의, 약간의

"What did you buy?"

무엇을 사셨어요?

"I bought **some** fruit."

과일을 좀 샀어요.

somebody [sʌ́mbàdi] 대 누군가, 어떤 사람

"There's **somebody** at the door."

누군가 현관에 왔어.

"Who is it?"

누구세요?

someone [sʌ́mwʌ̀n] 대 누군가, 어떤 사람

"There's **someone** in the garden."

정원에 누군가 있어.

"Oh, that is my uncle."

아, 우리 삼촌이야.

something [sʌ́mθiŋ] 때 무엇인가, 어떤 것

"I have **something** to tell you."

너한테 할 말이 있어.

"What is it?"

뭔데 ?

sometimes [sʌ́mtàimz] 부 때때로

"Does your father play tennis?"

너의 아버지는 테니스를 치시니 ?

"**Sometimes**."

가끔.

somewhere [sʌ́mhwɛ̀ər] 부 어딘가에

"This place is too noisy."

이 곳은 너무 시끄러워.

"Let's go **somewhere** else."

어디 다른 곳으로 가자.

son [sʌn] 명 아들

"Do you know that boy?"

저 소년 아세요 ?

"Yes, he is my **son**."

네, 제 아들이예요.

song [sɔːŋ] 명 노래

"Can you sing this **song**?"
이 노래 부를 줄 아니?
"Yes, of course."
물론이지요.

soon [suːn] 부 곧

"When is Judy coming?"
주디는 언제 오니?
"She will be here **soon**."
곧 올거야.

sorry [sɔ́ri] 형 미안한

"I am **sorry**."
미안해.
"That's OK."
괜찮아.

sound [saund] 명 소리

"What's that **sound**?"
저건 무슨 소리지?
"Someone is knocking at the door."
누군가 문을 두드리고 있어.

soup [suːp] 명 수프

"This **soup** is very good."

이 수프 참 맛있어요.

"Thank you."

고맙다.

south [sauθ] 명 남쪽

"Which way is the wind from?"

바람은 어느 쪽에서 불고 있습니까?

"It's from the **south**."

남쪽에서 붑니다.

space [speis] 명 우주

"**Space** travel is not a dream any more."

우주 여행은 더 이상 꿈이 아니야.

"You are right."

맞아.

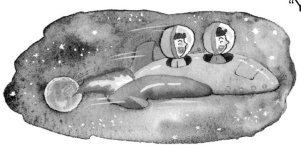

speak [spiːk] 동 말하다

"Can you **speak** English?"

영어 할 줄 아니?

"Yes, I can."

응, 할 줄 알아.

special [spéʃəl] 형 특별한
"What is new?"
새로운 것 좀 있니?
"Nothing **special**."
특별한 거 없어.

speed [spiːd] 명 속도, 속력

The pig ran away at full **speed**.
그 돼지는 전속력으로 달아났다.

spell [spel] 동 철자하다
"How do you **spell** your name?"
네 이름은 철자를 어떻게 쓰니?
"It's T-O-M."
T-O-M이야.

spend [spend] 동 쓰다, 소비하다
In-ho **spends** lots of money.
인호는 돈을 많이 쓴다.

spent [spent] 통 썼다

★ **spend** 의 과거형

She **spent** her money on books.

그녀는 책 사는데 돈을 썼다.

spider [spáidər] 명 거미

"What is that?"

저건 뭐니?

"It's a **spider**."

거미야.

spoke [spouk] 통 말했다

★ **speak** 의 과거형

Judy **spoke** in English.

주디는 영어로 말했다.

spoon [spuːn] 명 숟가락, 스푼

"Mom, give me a **spoon**, please."

엄마, 숟가락 주세요.

"All right. Here it is."

그래, 여기 있다.

sport [spɔːrt] 명 스포츠

Sports

swimming 수영

gymnastics (기계)체조

volleyball 배구

marathon 마라톤

basketball 농구

tennis 테니스

skating 스케이트

wrestling 레슬링

baseball 야구

table tennis 탁구

soccer 축구

golf 골프

football 미식축구

boxing 권투

skiing 스키

badminton 배드민턴

spot [spɑt] 뗑 반점 ; 얼룩
Our cat has **spots**.
우리 고양이는 반점이 있다.

spring [spriŋ] 뗑 봄
"It's **spring**. I like **spring**."
봄이야. 나는 봄이 좋아.
"I like **spring**, too."
나도 봄이 좋아.

square [skwɛər] 뗑 정사각형
Min-su drew a **square** on paper.
민수는 종이에 정사각형을 그렸다.

squirrel [skwə́ːrəl] 뗑 다람쥐
A **squirrel** is eating a nut.
다람쥐가 도토리를 먹고 있다.

stair [stɛər] 명 계단
Don't run down the **stairs**.

계단을 뛰어 내려가지 마라.

stamp [stæmp] 명 우표
"Give me a **stamp**, please."

우표 주세요.

"Here you are."

여기 있습니다.

stand [stænd] 동 서다, 일어서다
"Please **stand** up, Judy."

주디, 일어서봐.

"Yes, sir."

네, 선생님.

star [stɑːr] 명 별
Stars are twinkling in the night sky.

별들이 밤하늘에 반짝이고 있다.

station [stéiʃən] 명 정거장

Station

sleeping car
침대차

platform 플랫폼

dining car 식당차

baggage
수화물

passenger 승객

Telephone

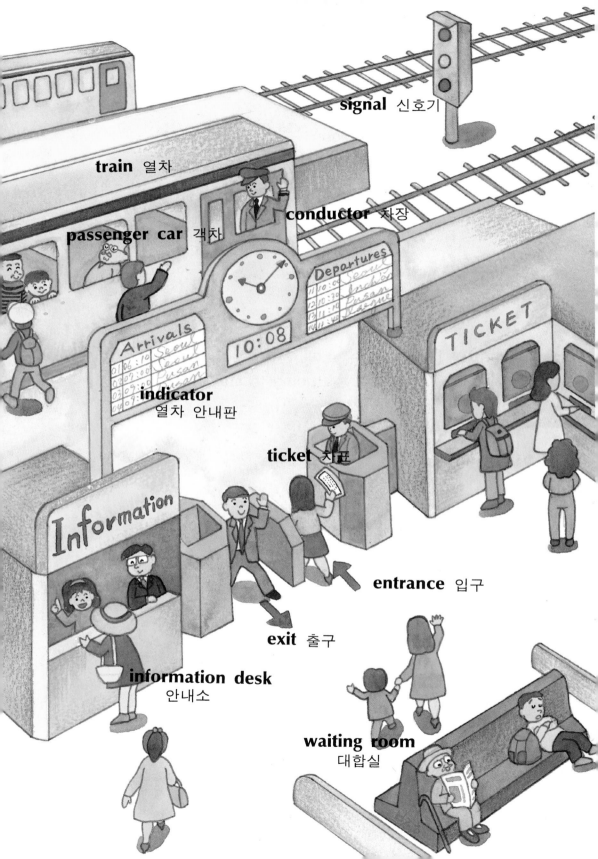

start [staːɾt] 동 출발하다
They will **start** soon.
그들은 곧 출발할 것이다.

stay [stei] 동 머무르다
"How long are you going to **stay**?"
얼마나 머무실 겁니까?
"About ten days."
한 열흘쯤 머물겁니다.

steak [steik] 명 스테이크
"Do you like **steak**?"
스테이크 좋아하세요?
"Yes, I do."
네, 좋아합니다.

steam [stiːm] 명 증기 ; 김
Steam is rising from the pot.
포트에서 김이 나고 있다.

step [step] 명 걸음
"Watch your **step**."
발 밑을 조심하세요.
"Yes, I will."
네, 그럴게요.

stick [stik] 명 막대기 ;
지팡이
The old man walks
with a **stick**.
그 노인은 지팡이를 짚고 걷는다.

still [stil] 부 아직도

"Are you **still** in bed,
Tom?"
톰, 아직도 안 일어났니?
"Yes, I'm so sleepy."
네, 너무 졸려요.

stomach [stʌ́mək] 명 위 ; 배
"What's the matter?"
왜 그러니?
"My **stomach** hurts."
배가 아파요.

stone [stoun] 명 돌

"There is a **stone** in my shoe."
신발에 돌이 들어갔어.
"Take it out, then."
그럼, 그것을 꺼내.

stood [stud] 통 서 있었다

★ **stand** 의 과거형
Judy **stood** by the window.
주디는 창가에 서 있었다.

stop [stɑp] 통 멈추다 ; 멈춰서다

"Does the train **stop** at this station?"
열차가 이 역에 섭니까?
"No, it doesn't."
아니오, 서지
않습니다.

store [stɔːr] 명 가게

"Where's Mary?"
메리는 어디 있니?
"She went to the **store**."
가게에 갔어요.

storm [stɔːrm] 명 폭풍(우)

I was caught in
a **storm**.
나는 폭풍우를 만
났다.

story [stɔ́ːri] 명 이야기

"Read me a **story**."
이야기책 읽어 주세요.
"All right."
그래.

S

stove [stouv] 명 스토브

Turn on the **stove**.
스토브를 켜라.

straight [streit] 형 곧은 부 곧장

"Please tell me the way to the bank."
은행가는 길 좀 가르쳐 주세요.
"Go **straight** along this road."
이 길을 따라 곧장 가세요.

strange [streindʒ] 형 이상한

I heard a **strange** noise.

나는 이상한 소리를 들었다.

stranger [stréindʒər] 명 낯선 사람

My dog barks at a **stranger**.

우리 개는 낯선 사람을 보면
짖는다.

straw [strɔː] 명 짚, 밀짚

"Whose **straw** hat is this?"

이것은 누구의 밀짚 모자니?

"It's mine."

내거야.

strawberry [strɔ́ːbèri] 명 딸기

"Let's have **strawberries**."

딸기 먹자.

"Great!"

좋지!

street [striːt] 몡 거리, 가로
"Don't play on the **street**."
거리에서 놀지 마라.
"OK, Mom."
네, 엄마.

strike [straik] 동 때리다, 치다
Don't **strike** the dog.
개를 때리지 마라.

strong [strɔːŋ] 혱 강한, 힘센
"Uncle is very **strong**."
삼촌은 힘이 아주 세셔요.

"I am?"
내가?

struck [strʌk] 동 때렸다, 쳤다
★ **strike** 의 과거형
The clock **struck** seven.
시계가 7시를 쳤다.

student [stjúːdənt] 명 학생
"Is your brother a college **student**?"
네 형은 대학생이니?
"Yes, he is."
응, 그래.

study [stʌ́di] 동 공부하다
"Did you watch television
last night?"
어젯밤에 텔레비전 봤니?
"No, I **studied**."
아니, 공부했어.

stupid [stjúːpid] 형 어리석은
"Everybody thinks I am **stupid**."
모두들 나를 어리석다고 생각해.
"No, they don't."
아니야, 그렇지 않아.

subway [sʌ́bwèi] 명 (미국에서) 지하철
I go to school by **subway**.
나는 지하철을 타고 학교에 간다.

such [sʌtʃ] 형 그런, 그러한
I don't know **such** a man.
나는 그런 사람은 모른다.

suddenly [sʌ́dnli] 부 갑자기
The car stopped **suddenly**.
갑자기 차가 멈춰섰다.

sugar [ʃúgər] 명 설탕
"Do you take **sugar** in your coffee?"
커피에 설탕을 넣어 드릴까요?
"Yes, please."
네, 넣어주세요.

suit [suːt] 명 한 벌(의 옷)
"You are wearing a blue **suit**."
당신은 파란 양복을 입고 있군요.
"I got it at a sale."
세일 때 샀어요.

suitcase [súːtkèis] 명 여행 가방

"Please watch our **suitcases**."
우리 여행 가방 좀 봐 주세요.
"Sure. Not to worry."
그러지요, 염려마세요.

summer [sʌ́mər] 명 여름

"Where are you going for **summer** vacation?"
여름방학에 어디에 갈 거니 ?
"I'm going to the beach."
바닷가에 가려고 해.

sun [sʌn] 명 태양, 해

"The **sun** rises in the east."
해는 동쪽에서 떠.
"I like to see the rising **sun**."
나는 해 뜨는 것을
보고 싶어.

Sunday [sʌ́ndi] 명 일요일

"Does Judy go to church on **Sunday**?"
주디는 일요일에 교회에 가니 ?
"Yes. But not always."
응, 하지만 항상은 아냐.

sunny [sʌ́ni] 형 양지 바른 ; 맑게 개인
   "How is the weather?"
   날씨는 어때 ?
   "It is **sunny**."
   맑게 개었어.

supper [sʌ́pər] 명 저녁 식사
   "When do you have **supper**?"
   너는 몇 시에 저녁 식사를 하니 ?
   "At seven."
   7 시에.

sure [ʃuər] 형 확실한 부 확실히 ; 물론
   "Can I use your telephone?"
   네 전화 써도 되니 ?
   "**Sure**."
   물론.

surprise [sərpráiz] 동 놀라게 하다
   "I was **surprised** at the news."
   나는 그 소식을 듣고 놀랐어.
   "So was I."
   나도 그랬어.

supermarket [súːpərmàːrkit] 몡 슈퍼마켓

Supermarket

frozen food 냉동 식품

meat 고기

candies 캔디

cashier 캐셔

cash register
금전 등록기

basket 바구니

swallow [swɑ́lou] 몡 제비
Swallows are flying south.
제비들이 남쪽으로 날아가고 있다.

swam [swæm] 동 수영했다
★ **swim**의 과거형
In-ho and Tom **swam** in
the river.
인호와 톰은 강에서 수영했다.

sweater [swétər] 몡 스웨터

"Do I have to wear a **sweater**?"
스웨터를 입어야 되나요?
"Yes, it's cold today."
그럼, 오늘은 추운걸.

sweet [swiːt] 형 단
"This cake is too **sweet**."
이 케이크는 너무 달아.
"Then, try this one."
그럼, 이걸 먹어봐.

swim [swim] 통 수영하다

"Will you teach me how to **swim**?"
수영하는 법을 가르쳐 줄래?
"Yes, I will."
그러지 뭐.

swimming [swímiŋ] 명 수영

"Let's go **swimming**."
수영하러 가자.
"That's a good idea!"
그거 좋은 생각이다!

swing [swiŋ] 명 그네 통 흔들다 ; 그네 타다

"Let's play on the **swings**."
그네 타자.
"OK. That's fun."
그래, 그거 재미있겠다.
★ 과거형 **swung** [swʌŋ]

switch [switʃ] 명 스위치

"Where's the light **switch**?"
전등 스위치 어디 있니?
"It's on the wall."
벽에 있어.

table [téibl] 명 테이블, 식탁
"Have you a **table** for three?"
세사람분 좌석 있어요?
"Yes, sir. Please come this way."
예, 이리로 오십시오.

tail [teil] 명 꼬리
Don't pull the cat's **tail**.
고양이 꼬리를 잡아 당기지 마라.

take [teik] 동 (손에) 잡다 ; 가져가다 ; 타다
Take my hand, Mom.
엄마, 제 손을 잡아요.

talk [tɔːk] 통 말하다, …와 이야기하다

"Can I **talk** to you tonight?"
오늘밤 얘기 좀 할래 ?
"Can't we **talk** now?"
지금하면 안될까 ?

tall [tɔːl] 형 키가 큰
"How **tall** are you?"
키가 얼마입니까 ?
"I'm five feet **tall**."
5피트야.

tape [teip] 명 테이프
Let's listen to this **tape**.
이 테이프를 들어 보자.

taste [teist] 명 맛 통 맛이 나다
"Do you like this candy?"
이 사탕 좋아하니 ?
"Yes, it **tastes** sweet."
응, 맛이 달콤하거든.

taught [tɔːt] 동 가르쳤다

★ **teach** 의 과거형

My father **taught** English at the school.

우리 아버지는 학교에서 영어를 가르치셨습니다.

taxi [tǽksi] 명 택시

"Are we going to take a **taxi**?"

택시타고 갈까?

"Yes, we have to."

응, 그러자.

tea [tiː] 명 차, 홍차

"Will you have a cup of **tea**?"

차 한 잔 하시겠습니까?

"Yes, please."

예, 주세요.

teach [tiːtʃ] 동 가르치다

"Can you **teach** me how to swim?"

수영하는 법을 가르쳐 줄래요?

"I'll be glad to."

기꺼이.

teacher [tíːtʃər] 명 선생님

"Who's your English **teacher**?"
너의 영어 선생님은 누구시니 ?
"Mr. Jones."
존스 선생님이요.

team [tiːm] 명 팀

In-ho is on the basketball **team**.
인호는 농구팀에 들어있습니다.

tear [tiər] 명 눈물

She was in **tears**.
그녀는 눈물을 흘리고 있었다.

T

telephone [télifòun] 명 전화, 전화기

"The **telephone** is ringing."
전화 왔어.
"All right. I'll answer it."
알았어. 내가 받을게.
◆ phone 이라고도 함.

television [télivìʒən] 명 텔레비전

"What's on **television** now?"

지금 텔레비전에서 뭐하고 있니 ?

"Oh, there's a movie on."

아, 영화를 하네.

◆ TV 라고도 함.

tell [tel] 동 말하다, 이야기하다

"Grandma, **tell** us a story."

할머니, 이야기 하나 해주세요.

"Yes, later."

그래, 좀 있다가.

temple [témpl] 명 절

"Where is the **temple**?"

그 절이 어디에 있니 ?

"It's near a lake."

호수 근처에 있어.

ten [ten] 명 10, 10살 형 10의, 10살의

Please count from one to **ten**.

하나부터 열까지 세어 보십시오.

tennis [ténis] 명 테니스

"How about playing **tennis**?"
테니스 칠래 ?
"Fine."
좋아.

tent [tent] 명 텐트, 천막

"Let's put up a **tent** here."
여기에 천막을 치자.
"Good idea."
좋은 생각이야.

T

test [test] 명 테스트, 시험

"What **test** do you have today?"
오늘 무슨 시험이 있니 ?
"I have a **test** in English."
영어 시험이 있어.

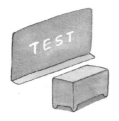

than [ðæn] 접 …보다

I like summer better **than** winter.
나는 겨울보다 여름이 좋아요.

thank [θæŋk] 통 …에게 감사하다
"**Thank** you very much."
정말 고맙습니다.
"You're welcome."
천만에요.

that [ðæt] 때 저것 ; 그것

"Who's **that**?"
저 애는 누구니 ?
"**That** is Su-jin's cousin."
그 애는 수진이의 사촌이야.

the [(자음 앞) ðə, (모음 앞) ði] 관 그
"Will you open **the** window?"
창문을 열어 주겠니 ?
"Sure."
예.

theater [θíːətər] 명 극장
"Let's go to the **theater**."
극장에 갑시다.
"Yes, let's."
네, 그럽시다.

their [ðɛə*r*] 때 그들의, 그것들의
"Who are those girls?"
저 소녀들은 누굽니까?
"I don't know **their** names."
그들의 이름을 모르겠어요.

theirs [ðɛə*r*z] 때 그들의 것
This dog is **theirs**.
이 개는 그들의 것입니다.

them [ðem] 때 그들을, 그것들을, 그들에게
"I left the grapes."
포도를 남겼어요.
"Don't you like **them**?"
그것들을 좋아하지 않니?

themselves [ðəmsélvz] 때 그들 자신 ; 그들 자신을
They did it **themselves**.
그들 자신이 그것을 했습니다.

then [ðen] 튀 그때 ; 그러면
"Let's meet about 6 : 00."
6시쯤에 만나자.
"OK. I'll see you **then**."
좋아. 그때 보자.

there [ðεər] 튀 거기에
"Come here, Judy."
이리 와, 주디.
"All right. I'll be **there** right away."
알았어. 당장 갈게.

these [ði:z] 대 이것들
"Are **these** In-ho's books?"
이것들은 인호의 책이니 ?
"I think so."
그런 것 같은데.

they [ðei] 대 그들은, 그것들은
"Whose notebooks are these ? "
이것들은 누구의 공책이지요 ?
"**They** are mine."
제 것입니다.

thick [θik] 형 두꺼운 ; 굵은
"How **thick** is this wall?"
이 벽은 두께가 얼마죠 ?
"About 15cm **thick**."
15cm 쯤이에요.

thin [θin] 형 얇은
"Give me a **thin** sheet of paper."
얇은 종이 한 장 줘.
"OK."
알았어.

thing [θiŋ] 명 물건 ; 일
Jane likes sweet **things**.
제인은 단것을 좋아합니다.

think [θiŋk] 동 …라고 생각하다
"Where is it?"
그게 어디 있니 ?
"I **think** it's in the box."
상자 안에 있다고 생각해.

third [θəːrd] 몡 세번째, 3일 혱 세번째의
Today is the **third** of May.
오늘은 5월 3일입니다.

thirsty [θə́ːrsti] 혱 목마른
"Are you **thirsty**?"
목마르지 ?
"Yes, let's drink something cold.
응, 시원한 것 좀 마시자.

T

thirteen [θə̀ːrtíːn] 몡 13, 13살 혱 13의, 13살의
"Is **thirteen** an unlucky number?"
13은 불길한 숫자니 ?
"That's not true."
그렇지 않아.

thirty [θə́ːrti] 몡 30, 30살 혱 30의, 30살의
"What time is it?"
몇 시입니까 ?
"It's three **thirty**."
3시 30분입니다.

this [ðis] 때 이것

"**This** is my dog."
이것은 내 개야.
"What a clever dog!"
참 영리하구나 !

those [ðouz] 때 그것들, 그 사람들

"Whose are **those**?"
그것들은 누구의 것입니까 ?
"**Those** are all my son's."
그것들은 모두 내 아들의 것입니다.

though [ðou] 접 …이긴 하지만

He is happy **though** he is poor.
그는 가난하지만 행복합니다.

thought [θɔːt] 동 생각했다

★ **think** 의 과거형
I **thought** Ann was beautiful.
나는 앤이 아름답다고 생각했습니다.

thousand [θáuzənd] 몡 1,000, 천
 "How much is this phone card?"
 이 전화 카드 얼마죠?
 "It's three **thousand** won."
 3,000원입니다.

three [θriː] 몡 3, 3살 휑 3의, 3살의
 "What time can I see you?"
 몇 시에 찾아 뵐 수 있을까요?
 "How about **three**?"
 3시가 어떻습니까?

threw [θruː] 동 던졌다
 ★ **throw** 의 과거형
 He **threw** the ball.
 그는 공을 던졌다.

through [θruː] 젼 …을 통하여

I went **through** the woods.
 나는 숲을 지나서 갔습니다.

throw [θrou] 통 던지다

"I'll **throw** you a ball."
너에게 공을 던질게.
"**Throw** me a low ball, please."
공을 낮게 던져줘.

thumb [θʌm] 명 엄지손가락

"My **thumb** hurts."
엄지손가락을 다쳤어요.
"Let me see."
어디 보자.

Thursday [θə́:rzdi] 명 목요일

I'll see you on **thursday**.
목요일에 보자.

ticket [tíkit] 명 표

"Where can I buy a **ticket**?
어디서 표를 삽니까?
"The **ticket** office is over there."
매표소가 저쪽에 있어.

tie [tai] 명 넥타이 동 매다

"Do I have to wear a **tie**?"

넥타이를 매야합니까?

"Yes, you really should."

예, 꼭 매야합니다.

tiger [táigər] 명 호랑이

"Is that a **tiger** or a cat?"

저것은 호랑이냐, 고양이냐?

"It's a **tiger**."

호랑이야.

T

till [til] 전 …까지

"Excuse me for a few minutes."

잠깐만 실례할게.

"I'll wait **till** you come back."

네가 돌아올 때까지 기다릴게.

time [taim] 명 시각 ; 시간

"Do you have **time** for tea?"

차마실 시간 있니?

"I'm sorry I can't."

미안하지만 없어.

tired [taiərd] 휑 피곤한, 지친

"I'm **tired**."

피곤해라.

"Why don't you rest?"

쉬는게 어때 ?

to [tuː] 젠 …쪽으로 ; …에게

"Turn **to** the left."

왼쪽으로 도세요.

"OK."

알았어요.

today [tədéi] 멩 오늘

"How do you feel **today**?"

오늘은 기분이 어때 ?

"I'm very well **today**."

오늘은 매우 좋아.

toe [tou] 멩 발가락

I have a pain in my big **toe**.

나는 엄지발가락이 아파요.

together [təgéðər] 부 함께, 같이
"Are you going to Jane's party?"
제인의 파티에 갈거니 ?
"Yes. Let's go **together**."
응. 같이 가자.

toilet [tɔ́ilit] 명 화장실
"Where's the **toilet**?"
화장실은 어딨니 ?
"Over there."
저쪽이야.

T

told [tould] 동 말했다
★ **tell** 의 과거형
Father **told** me to study hard.
아버지는 내게 열심히 공부하라고 말씀하셨다.

tomato [təméitou] 명 토마토
"Why aren't you eating a **tomato**?"
왜 토마토를 먹지 않니 ?
"I hate a **tomato**."
난 토마토가 싫어.

tomorrow [təmɔ́ːrou] 명 내일

"Good-bye."

안녕.

"See you **tomorrow**."

내일 보자.

tongue [tʌŋ] 명 혀

"Put out your **tongue**."

혀를 내밀어 보렴.

"Yes, sir."

네, 선생님.

tonight [tənáit] 명 오늘밤

"What's on TV **tonight**?"

오늘밤 텔레비전에서 뭐하니 ?

"There is a baseball game."

야구 게임이 있어.

too [tuː] 부 …도 또한 ; 너무나…

"Don't eat **too** much ice cream."

아이스크림을 너무 많이 먹지 마라.

"Yes, Mom."

예, 엄마.

took [tuk] 동 가져갔다

★ **take** 의 과거형
"Where's your knife?"
네 칼 어디에 있니 ?
"The teacher **took** it away."
선생님이 가져가셨어.

tool [tuːl] 명 도구, 연장

These are all **tools**.
이것들은 모두 연장입니다.

tooth [tuːθ] 명 이

"Brush your **teeth**."
이를 닦아라.
"OK, Mom."
예, 엄마.
★ 복수형 **teeth** [tiːθ]

top [tɑp] 명 정상, 꼭대기

"Let's climb to the **top** of the hill."
언덕 꼭대기까지 올라가자.
"All right."
좋아.

touch [tʌtʃ] 통 …을 만지다

"Don't **touch** anything here."

여기 있는 어떤 것도 손대지 마라.

"Why not?"

어째서죠 ?

toward [təwɔ́:rd] 전 …쪽으로

Tom walked **toward** the door.

톰이 문쪽으로 걸어갔습니다.

T

towel [táuəl] 명 수건

"Did you bring a bath **towel**?"

목욕수건을 가지고 왔니 ?

"No, I forgot to."

아니, 잊어 버렸어.

tower [táuər] 명 탑

"Look at that **tower**."

저 탑 좀 봐.

"Great."

대단한데.

town [taun] 명 읍, 도회지 ; 시내

church 교회

fire station 소방서

police station 경찰서

barbershop 이발소

beauty shop 미용실

restaurant 레스토랑

movie theater 영화관

drugstore 약국.

meatstore 정육점

bakery 빵집

pet shop 애완 동물 가게

telephone booth 공중 전화 박스

street 도로

Town

hotel 호텔

hospital 병원

post office 우체국

coffee shop 커피숍

supermarket 슈퍼마켓

department store 백화점

shoestore 신발 가게

crosswalk 횡단 보도

mail box 우체통

bus stop 버스 정류장

toy [tɔi] 명 장난감
"Look at my **toy**."
내 장난감 좀 봐.
"Oh, that's nice!"
오, 멋진데!

traffic [træfik] 명 교통
There is heavy **traffic** on this street.
이 거리는 교통량이 많다.

train [trein] 명 열차, 기차
"Where should I change **trains**?"
어디서 열차를 갈아타야 합니까?
"At Taegu Station."
대구역에서요.

travel [trævl] 명 여행 동 여행하다
"I would like to **travel** abroad."
나는 해외 여행을 하고 싶어.
"Me too."
나도 그래.

tree [triː] 명 나무

"Can you climb that **tree**?"

너 저 나무에 오를 수 있니 ?

"Sure."

물론이지.

trip [trip] 명 여행

"I want to go on an airplane **trip**."

비행기 타고 여행가고 싶다.

"Where do you want to go?"

어디로 가고 싶니 ?

trouble [trʌbl] 명 걱정, 고민

I am sorry to **trouble** you so much.

걱정을 많이 끼쳐 드려서 죄송합니다.

trousers [tráuzərz] 명 바지

"Which **trousers** should I wear?"

어느 바지를 입을까요 ?

"The black ones over there."

저기 있는 검정 바지.

truck [trʌk] 명 트럭

A **truck** is bigger than a taxi.
트럭은 택시보다 큽니다.

true [truː] 형 진실한, 정말의

"Is it **true**?"
그것이 정말입니까?
"Sure."
물론이죠.

T

try [trai] 명 시도, 해보기 동 해보다

"You missed."
네가 졌어.
"Can I **try** again?"
다시 한번 해볼래?

Tuesday [tjúːzdi] 명 화요일

I have a piano lesson on **Tuesday**.
나는 화요일에 피아노 레슨이 있습니다.

tulip [tjúːlip] 명 튤립

"I like red **tulips**."

나는 빨간 튤립이 좋아.

"I love yellow ones."

난 노란 튤립이 좋더라.

tunnel [tʌ́nəl] 명 터널, 굴

The train is coming out of the **tunnel**.

열차가 터널을 빠져 나오고 있습니다.

turn [təːrn] 명 회전 ; 차례 동 돌다, 회전하다

"Wait. It's my **turn** now."

기다려. 지금은 내 차례야.

"Oh, sorry."

아, 미안해.

turtle [tə́ːrtl] 명 바다거북

A **turtle** usually lives in the water.

바다거북은 주로 물속에서 삽니다.

twelfth [twelfθ] 명 열두번째, 12일 형 열두번째의
Today is Judy's **twelfth** birthday.
오늘은 주디의 열두번째 생일입니다.

twelve [twelv] 명 12, 12살 형 12의, 12살의
"Is lunch ready yet?"
점심 식사는 준비되었어요?
"Wait until **twelve** o'clock."
12 시까지 기다려라.

twenty [twénti] 명 20, 20살 형 20의, 20살의
There are **twenty** girls in our class.
우리 반에는 여자애들이 20 명입니다.

twice [twais] 부 두번
"How often do you clean your shoes?"
구두는 얼마나 자주 닦니?
"About **twice** a week."
1주일에 두번 정도.

twinkle [twíŋkl] 통 반짝반짝 빛나다

Stars **twinkle** at night.

밤에는 별들이 반짝입니다.

two [tuː] 명 2, 2살 형 2의, 2살의

Two and three make five.

2 더하기 3은 5입니다.

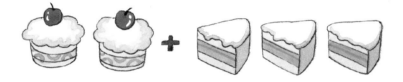

type [taip] 명 형, 타입

"What is your blood **type**?"

혈액형이 무엇입니까?

"It's **type** A."

A형입니다.

umbrella [ʌmbrélə] 몡 우산
"It looks like rain."
비가 올 것 같아요.
"Then, take your **umbrella**."
그러면 우산을 가지고 가.

uncle [ʌ́ŋkl] 몡 아저씨, (외)삼촌
He has an **uncle** in Seoul.
그는 서울에 아저씨가 한 분 계신다.

U

under [ʌ́ndər] 젠 …의 아래에, …의 밑에
"Where is your cat?"
고양이가 어디 있니?
"My cat is **under** the bed."
고양이는 침대 밑에 있어.

understand [ùndə*r*stǽnd] 동 이해하다, 알다
  "Do you **understand** me?"
  내 말 이해하니 ?
  "Yes, I do."
  응, 이해해.

understood [ùndə*r*stúd] 동 이해했다
  ★ **understand** 의 과거형
  Many people **understood** the plan.
  많은 사람들이 그 계획을 이해했다.

uniform [júːnəfɔ̀ː*r*m] 명 제복, 유니폼
  "Does your school have **uniform**?"
  너희 학교는 교복을 입니 ?
  "Yes, it does."
  응, 입어.

United States (of America) [ju(ː)náitid stéits
  (əv əmérikə)] 명 아메리카 합중국, 미국
  My brother is studying in the **United States**.
  우리 형은 미국에서 공부하고 있다.

university [jùːnəvə́ːrsəti] 명 대학(교)

I want to go to a **university**.

나는 대학에 가고 싶다.

until [əntíl] 전 …까지 접 …까지

"Wait here **until** I come back."

내가 돌아올 때까지 여기서 기다려.

"I'll wait for you **until** two."

2시까지 기다릴게.

up [ʌp] 부 위로, 위에

"Stand **up**, Mike!"

마이크, 일어서!

"Yes, sir."

네, 선생님.

upon [əpán] 전 …의 위에

Once **upon** a time, there lived a king.

옛날에 한 왕이 살고 있었습니다.

upstairs [ʌ́pstɛ́ərz] 뿐 위층에, 2 층으로
"Where's your bedroom?"
네 침실은 어디에 있니 ?
"It's **upstairs**."
2 층에 있어.

us [ʌs] 때 우리들을, 우리들에게
"Who won the game?"
시합에서 누가 이겼니 ?
"**Us**."
우리가.

use [juːz] 통 사용하다
"Can I **use** this telephone?"
이 전화 좀 써도 될까요 ?
"I'm sorry. It's out of order."
죄송합니다. 고장이예요.

U

used [juːst] 형 …에 익숙한
He is **used** to driving a car.
그는 차 운전에 익숙해져 있다.

useful [júːsfəl] 형 쓸모있는
This knife is **useful**.
이 칼은 쓸모가 있다.

usual [júːʒuəl] 형 보통의, 평소의
"Shall we meet at the **usual** place?"
늘 만나던 곳에서 만날까?
"Right."
좋아.

usually [júːʒuəli] 부 보통, 대개
"What time do you go to bed?"
너는 몇 시에 자니?
"I **usually** go to bed around ten."
대개 10시쯤에 자.

vacation [veikéiʃən] 몡 휴가, 방학

"How long is your summer **vacation**?"

여름방학은 얼마 동안이니?

"About a month."

약 한 달이야.

vase [veis] 몡 꽃병

"What is Judy doing?"

주디는 뭐하고 있니?

"She is putting some flowers in the **vase**."

그녀는 꽃병에 꽃을 꽂고 있어.

very [véri] 뷔 대단히, 매우

"Are you hungry?"

배가 고프니?

"**Very**."

매우.

vegetable [védʒitəbl] 명 야채

Vegetables

tomato 토마토　　**peas** 완두콩　　**celery** 셀러리　　**mushroom** 버섯

lettuce (양)상추　　**red pepper** 고추　　**cucumber** 오이　　**carrot** 당근

potato 감자　　**corn** 옥수수　　**onion** 양파　　**spinach** 시금치

green pepper 피망　　**pumpkin** 호박　　**cabbage** 양배추　　**sweet potato** 고구마

victory [víktəri] 똉 승리

We won a **victory**.

우리는 승리를 거두었다.

video [vídiou] 똉 영상, 비디오

"Shall we rent a **video** tonight?"

오늘밤 비디오 하나 빌릴까?

"OK. Let's."

좋아. 그러자.

village [vílidʒ] 똉 마을

"Where do you live?"

너는 어디에 사니?

"In a small **village** not far from here."

여기서 멀지 않은 작은 마을이야.

violin [vàiəlín] 똉 바이올린

"Can you play the **violin**?

너 바이올린 켤 줄 아니?

"Yes, I can."

응, 켤 줄 알아.

visit [vízit] 통 방문하다
"Come and **visit** us sometime."
언제 집에 놀러 오세요.
"Thank you. Bye-bye."
고마워요. 안녕히 가세요.

voice [vɔis] 명 목소리
He spoke in an angry **voice**.
그는 성난 목소리로 말했다.

volleyball [válibɔ̀ːl] 명 배구
I played **volleyball** with my friends.
나는 친구들과 함께 배구를 했다.

waist [weist] 몡 허리

Judy has a very small **waist**.

주디는 허리가 무척 가늘다.

She has no **waist**.

그녀는 절구통이다.

wait [weit] 동 기다리다

"Are you **waiting** for your friends?"

네 친구들 기다리니?

"Yes, I am."

네.

wake [weik] 동 깨다 ; 깨우다

"**Wake** up, Tom."

일어나, 톰.

"I'm sleepy, Mom."

졸려요, 엄마.

W

waked [weikt], woke [wouk] 동 깼다

★ **wake** 의 과거형

"Who **waked** the sleeping baby?"

누가 자는 아이를 깨웠느냐?

"Tony did."

토니가 깨웠어요.

walk [wɔːk] 동 걷다

"Do you **walk** to school?"

학교에 걸어가니?

"Usually. Sometimes I take a bus."

보통은. 가끔 버스를 타기도 해.

wall [wɔːl] 명 벽, 담

This **wall** is thick.

이 벽은 두껍다.

want [wɑnt] 동 원하다, 갖고 싶어하다

"What do you **want**?"

무엇을 원하니?

"I **want** some water."

물을 마시고 싶어요.

war [wɔːr] 몡 전쟁

The **war** came to an end.

전쟁이 끝났다.

warm [wɔːrm] 웽 따뜻한

"It's **warm** today, isn't it?"

오늘은 따뜻하다, 그렇지 ?

"Yes, it is."

응, 그래.

was [wɑz] 동 **am, is** 의 과거형

"Where **was** my pencil?"

제 연필은 어디에 있습니까 ?

"It **was** on the desk."

책상 위에 있더라.

wash [wɑʃ] 동 씻다, 빨다

Wash your hands before meal.

식사 전에 손을 씻어라.

waste [weist] 통 낭비하다
Don't **waste** time.
시간을 낭비하지 마라.

watch [wɑtʃ] 명 시계 통 지켜보다
"Does your mother often **watch** TV?"
너의 어머니께서는 자주 TV를 보시니?
"Yes, she does."
응, 그러셔.

water [wɔ́:tər] 명 물
"Can I have a glass of **water**, please?"
물 한 컵 주시겠어요?
"Sure."
네, 그러죠.

watermelon [wɔ́:tərmèlən] 명 수박
My favorite fruit is **watermelon**.
내가 가장 좋아하는 과일은 수박입니다.

way [wei] 명 길 ; 방법

"Please show me the **way** to the station."

역으로 가는 길을 가르쳐 주십시오.

"Certainly. Come with me."

좋아요, 따라 오세요.

we [wiː] 대 우리는, 우리가

We are seven.

우리는 일곱명이다.

We are good friends.

우리는 좋은 친구들이다.

weak [wiːk] 형 약한

I am **weak** in math.

나는 수학에 약하다.

wear [wɛər] 동 입고 있다

Mary is **wearing** her new dress.

메리는 새 드레스를 입고 있다.

My mother **wears** a ring.

우리 엄마는 반지를 끼고 계십니다.

weather [wéðər] 명 날씨
Weather

sunny 맑은

cloudy 흐린

windy 바람부는

rainy 비오는

thunder 천둥

fog 안개

rainbow 무지개

shine 햇빛

spring 봄

summer 여름

snowstorm 눈보라

tornado 토네이도

fall 가을

winter 겨울

storm 폭풍우

wedding [wédiŋ] 몡 결혼식

They invited us to their **wedding**.

그들은 우리를 결혼식에 초대했다.

Wednesday [wénzdi] 몡 수요일

"What day comes after **Wednesday**?"

수요일 다음은 무슨 요일입니까?

"Thursday."

목요일입니다.

week [wiːk] 몡 주 ; 일주일

Judy was sick last **week**.

주디는 지난 주에 아팠다.

A **week** has seven days.

일주일은 7 일이다.

weekend [wíːkènd] 몡 주말

Have a nice **weekend**.

주말을 즐겁게 보내세요.

weight [weit] 몧 체중, 무게
"I need to lose some **weight**."
나는 체중을 줄일 필요가 있어.
"So do I."
나도 그래.

welcome [wélkəm] 톙 환영받는 ; 별말씀을
"Thank you for your help."
도와줘서 고마워.
"You are **welcome**."
별말씀을.

well [wel] 톙 건강한 뤄 잘
She looks very **well**.
그녀는 아주 건강해 보인다.
He speaks English **well**.
그는 영어를 잘한다.

went [went] 됭 갔다
★ **go** 의 과거형
Tony **went** to Paris.
토니는 파리로 갔다.

were [wəːr] 동 are의 과거형

They **were** very kind to me.

그들은 내게 대단히 친절했다.

We **were** happy.

우리는 행복했다.

west [west] 명 서, 서쪽

The sun sets in the **west**.

태양은 서쪽으로 진다.

wet [wet] 형 젖은

"I'm **wet** in the rain."

비에 젖었어요.

"Change your clothes."

옷을 갈아 입어라.

whale [*h*weil] 명 고래

Whales can swim.

고래는 헤엄칠 수 있다.

A **whale** is a very large animal.

고래는 아주 큰 동물이다.

what [*h*wɑt] 때 무엇, 어떤

"**What** will you have?"

무엇을 먹을래?

"I'll have a hamburger."

햄버거 먹을래.

when [*h*wen] 부 언제 ; …하는 때 ; …할 때

"**When** is your birthday?"

네 생일은 언제니?

"On December 12."

12 월 12 일이야.

where [*h*wɛər] 부 어디에 접 …하는 곳에

"**Where** is Susan?"

수잔은 어디에 있니?

"She's over there."

저쪽에 있습니다.

which [*h*witʃ] 때 어느 것 형 어느, 어떤

"**Which** do you like better, skiing or skating?"

스키와 스케이트 중 어느 것을 더 좋아하니?

"Skiing."

스키요.

whistle [*h*wísl] 명 휘파람 ; 호각
The boy is blowing a **whistle**.
그 소년은 휘파람을 불고 있습니다.

white [*h*wait] 명 흰색 형 흰색의
Snow is **white**.
눈은 희다.

who [huː] 대 누구, 어떤 사람

Who is that boy?
저 소년은 누구냐?

whom [huːm] 대 누구를, 누구에게
"**Whom** are you giving the present to?"
그 선물 누구에게 줄거니 ?
"To you."
네게 줄거야.

whose [huːz] 데 누구의
"**Whose** bike is that?"
저 자전거는 누구의 것입니까?
"It's Tom's."
톰의 것이야.

why [*h*wai] 부 왜
"**Why** are you laughing?"
왜 웃고 있니?
"Because In-su made a funny joke."
인수가 우스운 농담을 했거든.

wide [waid] 형 넓은
The road is very **wide**.
길이 매우 넓다.
Open your mouth **wide**.
입을 크게 벌려라.

wife [waif] 명 아내, 부인
"Where's your **wife**?"
부인은 어디 계십니까?
"She went shopping."
물건을 사러 갔습니다.

will [wil] 동 …일 것이다 ; …하겠다

"Won't you come with me?"

같이 가지 않을래 ?

"I **will** be glad to."

기꺼이 같이 갈게.

win [win] 동 이기다

"Did you **win** the baseball game?"

야구 시합에서 이겼니 ?

"No, we lost."

아니오, 졌어요.

wind [wind] 명 바람

"Let's go outside."

밖으로 나가자.

"The **wind** is too strong."

바람이 굉장히 센데.

W

window [wíndou] 명 창(문)

"Will you close the **windows**?"

창문 좀 닫아 줄래 ?

"Sure."

그래.

wing [wiŋ] 명 날개
All birds have two **wings**.
모든 새는 두 개의 날개가 있다.

winter [wíntər] 명 겨울
"Do you like **winter**?"
너는 겨울을 좋아하니 ?
"Yes, I do."
응, 좋아해.

wise [waiz] 형 현명한
Judy is a **wise** and pretty girl.
주디는 현명하고 예쁜 소녀입니다.

W

wish [wiʃ] 동 바라다, 원하다
"I **wish** you a Happy New Year."
새해 복 많이 받으세요.
"Happy New Year to you, too."
새해 복 많이 받으세요.

with [wið] 전 …와 함께 ; …으로

I want to talk **with** you.

너와 얘기하고 싶다.

He is angry **with** me.

그는 나에게 화를 내고 있다.

woman [wúmən] 명 여자, 부인

That **woman** is my aunt.

저 부인은 나의 아주머니시다.

women [wímin] 명 **woman**의 복수형

There are 5 **women** in the room.

방에는 다섯 명의 여자가 있다.

wonder [wʌ́ndər] 동 이상하게 여기다 ; 의심하다

I **wonder** at you.

정말 어이가 없구나.

I was **wondering** about that.

나는 그것을 수상하게 여기고 있었다.

W

wonderful [wʌ́ndərfəl] 혱 놀라운 ; 훌륭한
We had a **wonderful** dinner.
우리는 맛있는 식사를 했습니다.
We saw a **wonderful** soccer game.
우리는 멋진 축구 경기를 구경했습니다.

won't [wount] **will not**의 단축형
"Will you see Tom tomorrow?"
너 내일 톰을 만날거니?
"No, I **won't**."
아니, 안 만날거야.

wood [wud] 명 목재, 나무 ; 숲
We walked in the **woods**.
우리는 숲 속을 산책했다.
Wood is used to build houses.
목재는 집을 짓는 데 사용한다.

wool [wul] 명 양털 ; 털실
Many sweaters are made of **wool**.
털실로 만든 스웨터들이 많다.

word [wə:*r*d] 명 낱말, 단어

"How many English **words** do you know?"

영어 단어를 얼마나 알고 있어 ?

"Well, not many."

글쎄, 별로.

wore [wɔ:*r*] 통 입었다

★ **wear** 의 과거형

Bo-ra **wore** a red pin in her hair.

보라는 머리에 빨간 핀을 꽂고 있다.

Dad **wore** black shoes.

아빠는 검정색 구두를 신으셨다.

work [wə:*r*k] 통 일하다, 공부하다

He **works** very hard.

그는 열심히 공부한다.

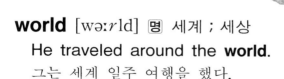

world [wə:*r*ld] 명 세계 ; 세상

He traveled around the **world**.

그는 세계 일주 여행을 했다.

worry [wə́:ri] 통 걱정하다
"Don't **worry** about such a thing."
그런 일로 걱정하지 마십시오.

worse [wə:rs] 형 더 나쁜 ; 악화된 부 더 나쁘게
This is **worse** than that.
이것은 저것보다 더 나쁘다.

worth [wə:rθ] 명 가치 형 …의 가치가 있는
I know her real **worth**.
나는 그녀의 진가를 알고 있습니다.
The book is **worth** reading.
그 책은 읽을 만한 가치가 있다.

would [wud] 조 **will**의 과거형
Tom **would** have his own way.
톰은 자기 생각대로 하려고 했다.
My daddy **would** often go fishing.
아빠는 곧잘 낚시하러 가곤 하셨습니다.

write [rait] 동 쓰다 ; 편지를 쓰다
"Can you **write** your name in Korean, Tom?"
톰, 네 이름을 한국어로 쓸 수 있겠니?
"Yes, I can."
네, 쓸 수 있어요.

wrong [rɔːŋ] 형 나쁜 ; 잘못된
"Hello, may I speak to In-ho?"
여보세요, 인호 좀 바꿔주세요?
"Sorry, you have the **wrong** number."
죄송하지만 전화 잘못거셨어요.

wrote [rout] 동 썼다
★ **write** 의 과거형
She **wrote** a new novel.
그녀는 새 소설을 썼습니다.

Xmas [krísməs] 약 크리스마스

X ray [éks rèi] 명 엑스선

X ray shows the inside of a body.
엑스선 사진은 몸 속을 보여준다.

xylophone [záiləfòun] 명 실로폰

"Can you play the **xylophone**, Jane?"
제인, 실로폰 칠 수 있니?
"Yes. Just a little."
응. 조금 쳐.

yard [jɑːɾd] 명 안마당, 뜰

"Where is In-ho?"
인호는 어디에 있니?
"He is playing in the **yard**."
마당에서 놀고 있어요.

year [jiəɾ] 명 년, 나이

"Which team will win this **year**?"
올해는 어느 팀이 우승할까?
"Well, I don't know."
글쎄, 모르겠는걸.

yellow [jélou] 명 노랑 형 노란

"Does this **yellow** dress look nice?"
이 노란 드레스 멋져 보이니?
"Yes, it's pretty."
응, 예뻐.

yes [jes] 튄 네, 그렇습니다
"Do you understand?"
이해합니까?
"**Yes**, I do."
네, 그렇습니다.

yesterday [jéstərdi] 명 어제 튄 어제
It rained all day **yesterday**.
어제 하루종일 비가 왔다.

yet [jet] 튄 아직
"I would like to drive a car."
저도 차를 운전하고 싶어요.
"Not **yet**, Tom."
아직 안된다, 톰.

you [ju:] 때 당신은, 당신들은 ; 너를, 너희들을
"Are **you** a student?"
너는 학생이니?
"Yes, I am."
네, 학생입니다.

Y

young [jʌŋ] 톙 젊은, 어린
In-ho's grandmother looks **young**.
인호의 할머니는 젊어 보이신다.

your [juəɾ] 대 너의, 너희들의
"Let's play at **your** house."
너의 집에서 놀자.

"All right. Come in."
좋아. 들어와.

yours [juəɾz] 대 너의 것, 너희들의 것
"Is this pencil **yours**?"
이 연필 네 것이니?
"Yes, it's mine."
응, 내 것이야.

yourself [juəɾsélf] 대 너 자신이, 너 자신을
"Please help **yourself** to the cake."
케이크 좀 많이 드십시오.
"Thank you."
고맙습니다.

zebra [zíːbrə] 명 얼룩말

We saw the **zebras** at the zoo.
우리는 동물원에서 얼룩말을 보았다.

zero [zíərou] 명 0, 영, 제로

"Mike got **zero** in math."
마이크가 수학을 0점 받았어.
"Oh, that's too bad."
오, 저런.

zigzag [zígzæg] 명 지그재그, Z자형 부 지그재그로

"Don't walk **zigzag**."
지그재그로 걷지 마라.
"Yes, Mom."
네, 엄마.

Z

zipper [zípər] 명 지퍼

"Help me with a **zipper**, Su-jin."

수진아, 지퍼 좀 올려줄래 ?

"OK. Judy."

알았어. 주디야.

zoo [zuː] 명 동물원

"What animal do you like best in the **zoo**?"

동물원에서 가장 좋아하는 동물은 무엇이니 ?

"I like elephants."

코끼리야.

Z

초등 영어 사전

부록

찾 아 보 기

- 알파벳 순서로 배열했습니다.
- 오른쪽 숫자는 쪽수를 표시합니다.
- 굵은 글씨는 초등학교 교육 과정 기본 단어입니다.

찾아보기

406 four hundred and six

찾아보기

D

찾아보기

E

F

찾아보기

찾아보기

H

I

J

K

찾아보기

416 four hundred and sixteen

M

N

four hundred and nineteen **419**

Q

R

422　four hundred and twenty-two

T

찾아보기

V

U

W

428　four hundred and twenty-eight

Alphabet Song

A B C D E F G

H I J K L M N

O P Q R S T

U V W — — X Y Z

Now I ne - ver will for - get.

Now to say my al - pha - bet.

Happy Birthday to You

Hap - py Birth-day to you   Hap - py Birth-day to you

Hap - py Birth-day   dear Jen - ny Hap - py Birth-day to   you

Ten Little Indian Boys

One lit - tle, two lit - tle, three lit - tle   In - dians,

Four lit-tle, five lit-tle, six lit-tle In-dians, Seven lit-tle, eight lit-tle,

nine lit-tle In-dians, Ten lit-tle In-dian   boys.

전면·양면 삽화 해설

※ 오른쪽 숫자는 쪽수입니다.

Animals [ǽniməlz] 동물   12, 13

bear [bɛər] 곰
beaver [bíːvər] 비버
camel [kǽməl] 낙타
crocodile [krákədàil] 악어
deer [diər] 사슴
elephant [élifənt] 코끼리
fox [fɑks] 여우
giraffe [dʒirǽf] 기린
gorilla [gərílə] 고릴라
hippo [hípou] 하마

lion [láiən] 사자
monkey [mʌ́ŋki] 원숭이
panda [pǽndə] 판다
panther [pǽnθər] 표범
rabbit [rǽbit] 토끼
rhino [ráinou] 코뿔소
snake [sneik] 뱀
tiger [táigər] 호랑이
zebra [zíːbrə] 얼룩말

Baseball [béisbɔ̀ːl] 야구   26, 27

batter [bǽtər]
catcher [kǽtʃər]
center fielder [séntər fíːldər]
first baseman [fə́ːrst béismən]
left fielder [léft fíːldər]
pitcher [pítʃər]
right fielder [ráit fíːldər]

runner [rʌ́nər]
second baseman [sékənd béismən]
shortstop [ʃɔ́ːrtstàp]
third baseman [θə́ːrd béismən]
umpire [ʌ́mpaiər]

Bathroom [bǽθrù(ː)m] 욕실   29

bath mat [bǽθ mæt] 욕실용 매트
bathtub [bǽθtʌb] 욕조
mirror [mírər] 거울
scale [skeil] 저울
shower [ʃáuər] 샤워기

soap [soup] 비누
toilet [tɔ́ilit] 변기
toilet paper [tɔ́ilit pèipər] 화장지
towel [táuəl] 수건
washstand [wáʃstænd] 세면대

Birds [bəːrdz] 새   37

crow [krou] 까마귀
eagle [íːgl] 독수리
ostrich [ɔ́stritʃ] 타조
owl [aul] 올빼미
peacock [píːkɑ̀k] 공작
penguin [péŋgwin] 펭귄

pigeon [pídʒən] 비둘기
sparrow [spǽrou] 참새
swallow [swálou] 제비
swan [swɑn] 백조
woodpecker [wúdpèkər] 딱따구리

Body [bɑ́di] 몸   41

arm [ɑːrm] 팔
back [bæk] 등
chest [tʃest] 가슴
elbow [élbou] 팔꿈치
foot [fut] 발
hand [hænd] 손
head [hed] 머리

hip [hip] 엉덩이
knee [niː] 무릎
leg [leg] 다리
navel [néivəl] 배꼽
neck [nek] 목
shoulder [ʃóuldər] 어깨
stomach [stʌ́mək] 배

Cars [kɑːrz] 차   57

ambulance [ǽmbjuləns] 앰뷸런스
bus [bʌs] 버스
fire engine [fáiər èndʒin] 소방차
patrol car [pətróul kɑ̀ːr] 순찰차

racing car [réisiŋ kɑ̀ːr] 경주용차
sports car [spɔ́ːrts kɑ̀ːr] 스포츠 카
taxi [tǽksi] 택시
truck [trʌk] 트럭

Classroom [klǽsrù(ː)m] 교실   66, 67

blackboard [blǽkbɔ̀ːrd] 칠판
book [buk] 책
bookcase [búkkèis] 책장
chair [tʃɛər] 의자
chalk [tʃɔːk] 분필
desk [desk] 책상

door [dɔːr] 문
eraser [iréisər] 칠판 지우개
notebook [nóutbùk] 공책
student [stjúːdənt] 학생
teacher [tíːtʃər] 선생님
wall [wɔːl] 벽

삽화 해설

Clothes [klouðz] 옷, 의류　　　　　　　　70, 71

baseball cap [béisbɔːl kǽp]
　야구 모자
belt [belt] 밸트
blouse [blaus] 블라우스
dress [dres] 드레스
gloves [glʌvz] 글러브
handbag [hǽndbæg] 핸드백
handkerchief [hǽŋkərtʃif] 손
　수건
hat [hæt] 모자
jeans [dʒiːnz] 진(바지)
overall [óuvərɔːl] 오버올
pajamas [pədʒǽməz] 파자마
pants [pænts] 바지

raincoat [réinkòut] 비옷
scarf [skɑːrf] 스카프
shoes [ʃuːz] 구두
shorts [ʃɔːrts] 짧은 바지
slip [slip] 슬립
socks [sɑks] 양말
suit [suːt] 양복
sweater [swétər] 스웨터
tie [tai] 넥타이
T-shirt [tíːʃə̀ːrt] T 셔츠
umbrella [ʌmbrélə] 우산
uniform [júːnəfɔ̀ːrm] 유니폼
vest [vest] 조끼

Colors [kʌ́lərz] 색깔　　　　　　　　　　74

black [blæk] 검정
blue [bluː] 파랑
brown [braun] 갈색
green [griːn] 녹색
orange [ɔ́ːrindʒ] 오렌지색
pink [piŋk] 핑크색

purple [pə́ːrpl] 자주색
red [red] 빨강
white [hwait] 흰색
yellow [jélou] 노랑
indigo [índigou] 남색

Dining room [dáiniŋ rù(ː)m] 식당　　　　89

chair [tʃɛər] 의자
chopsticks [tʃápstìks] 젓가락
dish [diʃ] 접시
glass [glæs] 컵

napkin [nǽpkin] 냅킨
spoon [spuːn] 숟가락
table [téibl] 식탁

Earth [əːrθ] 지구　　　　　　　　　　　99

beach [biːtʃ] 해변
desert [dézərt] 사막
east [iːst] 동
lake [leik] 호수
land [lænd] 육지

north [nɔːrθ] 북
ocean [óuʃən] 대양
planets [plǽnits] 행성
south [sauθ] 남
west [west] 서

Family [fǽməli] 가족 114

aunt [ænt] 작은 어머니
brother [brʌ́ðər] 남동생
father [fɑ́ːðər] 아버지
grandfather [grǽndfɑ̀ːðər] 할
  아버지
grandmother [grǽndmʌ̀ðər]

할머니
I [ai] 나
mother [mʌ́ðər] 어머니
sister [sístər] 여동생
uncle [ʌ́ŋkl] 작은 아버지

Farm [fɑːrm] 농장 116, 117

calf [kæ(ː)f] 송아지
cow [kau] 암소
dog [dɔːg] 개
fence [fens] 울타리
goat [gout] 염소
hay [hei] 건초
hen [hen] 암탉
horse [hɔːrs] 말

mouse [maus] 생쥐
pig [pig] 돼지
pond [pɑnd] 연못
rabbit [rǽbit] 토끼
rooster [rúːstər] 수탉
sheep [ʃiːp] 양
tractor [trǽktər] 트랙터
well [wel] 우물

Fishes [fíʃiz] 물고기 124

catfish [kǽtfìʃ] 메기
cod [kɑd] 대구
eel [iːl] 뱀장어
flatfish [flǽtfìʃ] 넙치
octopus [ɑ́ktəpəs] 낙지
salmon [sǽmən] 연어

shark [ʃɑːrk] 상어
stingray [stíŋrèi] 노랑가오리
swordfish [sɔ́ːrdfìʃ] 황새치
trout [traut] 송어
tuna [tjúːnə] 다랑어

삽화 해설

azalea [əzéiljə] 진달래
carnation [kɑːrnéiʃən] 카네이션
chrysanthemum [krisǽnθəməm] 국화
cosmos [kázməs] 코스모스
dahlia [dǽljə] 달리아
daisy [déizy] 데이지
dandelion [dǽndəlàiən] 민들레
geranium [dʒiréiniəm] 제라늄
hollyhock [hálihɑk] 접시꽃
hyacinth [háiəsinθ] 히아신스
iris [áiris] 붓꽃
lily [líli] 백합

lily of the valley [líli əv ðə vǽli] 은방울꽃
lotus [lóutəs] 연꽃
morning glory [mɔ́ːrniŋ glɔ̀ːri] 나팔꽃
narcissus [nɑːrsísəs] 수선화
pansy [pǽnzi] 팬지
rose [rouz] 장미
sunflower [sʌ́nflàuər] 해바라기
sweet pea [swíːt píː] 스위트피
tulip [tjúːlip] 튤립
violet [váiəlit] 오랑캐꽃

bread [bred] 빵
corn [kɔːrn] 옥수수
curry and rice [kə́ːri ənd ráis] 카레라이스
ham [hæm] 햄
hamburger [hǽmbəːrgər]

햄버거
milk [milk] 우유
noodles [núːdlz] 국수
pie [pai] 파이
salad [sǽləd] 샐러드
sausage [sɔ́ːsidʒ] 소시지

apple [ǽpl] 사과
banana [bənǽnə] 바나나
cherry [tʃéri] 버찌
chestnut [tʃésnʌt] 밤
grape [greip] 포도
kiwi [kíːwi(ː)] 키위
orange [ɔ́ːrindʒ] 오렌지

peach [piːtʃ] 복숭아
pear [pɛər] (서양)배
persimmon [pərsímən] 감
pineapple [páinæpl] 파인애플
strawberry [strɔ́ːbèri] 딸기
watermelon [wɔ́ːtərmèlən] 수박

House [haus] 집   164, 165

antenna [ænténə] 안테나
bathroom [bǽθrù(ː)m] 욕실
bedroom [bédrù(ː)m] 침실
chimney [tʃímni] 굴뚝
dining room [dáiniŋ rù(ː)m] 식당
fence [fens] 담
garage [gərɑ́ːʒ] 차고
gate [geit] 문

hall [hɔːl] 현관
kitchen [kítʃin] 부엌
living room [líviŋ rù(ː)m] 거실
roof [ruːf] 지붕
stairs [stɛərz] 계단
wall [wɔːl] 벽
window [wíndou] 창
yard [jɑːrd] 뜰

Insects [ínsekts] 곤충   172

ant [ænt] 개미
bee [biː] 벌
beetle [bíːtl] 딱정벌레
butterfly [bʌ́tərflài] 나비
cicada [sikéidə] 매미
dragonfly [drǽgənflài] 잠자리
grasshopper [grǽshɑ̀pər] 메뚜기

ladybug [léidibʌ̀g] 무당벌레
mantis [mǽntis] 사마귀
mosquito [məskíːtou] 모기
stag beetle [stǽg bìːtl] 사슴벌레

Jobs [dʒɑbz] 직업   178, 179

announcer [ənáunsər] 아나운서
baseball player [béisbɔːl plèiər] 야구 선수
bus driver [bʌ́s dràivər] 버스 기사
carpenter [kɑ́ːrpintər] 목수
cook [kuk] 요리사
dentist [déntist] 치과 의사
doctor [dɑ́ktər] 의사
engineer [èndʒiníər] 기관사
farmer [fɑ́ːrmər] 농부

fireman [fáiərmən] 소방관
fisherman [fíʃərmən] 어부
homemaker [hóummèikər] 주부
mailman [méilmæ̀n] 우편 집배원
nurse [nəːrs] 간호사
nursery school teacher [nə́ːrsəri skùːl tíːtʃər] 보모
opera singer [ɑ́pərə sìŋər] 오페라 가수
painter [péintər] 화가

삽화 해설

pilot [páilət] 조종사
policeman [pəlíːsmən] 경찰관
singer [síŋər] 가수
soldier [sóuldʒər] 군인
stewardess [stjúːərdis] 스튜어
디스

taxi driver [tǽksi dràivər] 택
시 기사
teacher [tíːtʃər] 교사
vet [vet] 수의사
waiter [wéitər] 웨이터
waitress [wéitris] 웨이트리스

Kitchen [kítʃin] 부엌   185

cupboard [kʌ́bərd] 찬장
dishwasher [díʃwɑ̀ʃər] 접시닦
는 기계
faucet [fɔ́ːsit] 수도꼭지
oven [ʌ́vən] 오븐

pan [pæn] 납작한 냄비
refrigerator [rifrídʒərèitər] 냉
장고
sink [siŋk] 개수대
stove [stouv] 스토브

Living room [líviŋ rù(ː)m] 거실   201

carpet [kάːrpit] 카펫
clock [klɑk] 탁상 시계
curtain [kə́ːrtn] 커튼
cushion [kúʃən] 쿠션
fireplace [fáiərplèis] 벽난로
floor lamp [flɔ́ːr lǽmp] 플로어
램프

photograph [fóutəgræ̀f] 사진
picture [píktʃər] 그림
rocking chair [rάkiŋ tʃɛ̀ər] 흔
들 의자
sofa [sóufə] 소파
television [télivìʒən] 텔레비전

Meals [miːlz] 식사   212

butter [bʌ́tər] 버터
cereal [síəriəl] 시리얼
cheese [tʃiːz] 치즈
fruits [fruːts] 과일

jam [dʒæm] 잼
milk [milk] 우유
juice [dʒuːs] 주스
toast [toust] 토스트

banana [bənǽnə] 바나나
doughnut [dóunət] 도넛
hamburger [hǽmbəːrgər] 햄
버거

hot dog [hάt dɔ̀ːg] 핫도그
ketchup [kǽtsəp] 케첩
pizza [píːtsə] 피자
sandwich [sǽndwitʃ] 샌드위치

apple pie [金pl pái] 애플 파이
mashed potato [mǽʃt pətéito]
　매시트 포테이토
pepper [pépər] 후추
roast turkey [róust tə́ːrki] 칠
　면조 구이
roll [roul] 롤빵

salad [sǽləd] 샐러드
salt [sɔːlt] 소금
sautéed fish [soutéid fíʃ] 튀긴
　생선
soup [suːp] 수프
strawberry [strɔ́ːbèri] 딸기

Numbers [nʌ́mbərz] 숫자　　　　　235

eight [eit] 8, 여덟
eleven [ilévn] 11, 열하나
five [faiv] 5, 다섯
four [fɔːr] 4, 넷
nine [nain] 9, 아홉
one [wʌn] 1, 하나

seven [sévən] 7, 일곱
six [siks] 6, 여섯
ten [ten] 10, 열
three [θriː] 3, 셋
twelve [twelv] 12, 열둘
two [tuː] 2, 둘

Park [pɑːrk] 공원　　　　246, 247

baby carriage [béibi kǽridʒ]
　유모차
bench [bentʃ] 벤치
grass [græs] 풀

lawn [lɔːn] 잔디
pond [pɑnd] 연못
trash can [trǽʃ kæn] 쓰레기통
tree [triː] 나무

School [skuːl] 학교　　　　290, 291

elementary school [eliméntəri
　skùːl] 초등학교
flag [flæg] 기
flower bed [fláuər bèd] 화단
gate [geit] 문
gymnasium [dʒimnéiziəm] 체
　육관
horizontal bar [hɔːrizántl
　bàːr] 철봉

jungle gym [dʒʌ́ŋgl dʒím] 정글
　짐
playground [pléigràund] 운동
　장
sandbox [sǽndbàks] 모래밭
school bus [skúːl bʌ̀s] 스쿨 버
　스
swimming pool [swímiŋ pùːl]
　수영장

four hundred and thirty-nine　439

삽화 해설

The Sea [ðə siː] 바다   294, 295

crab [kræ(ː)b] 게
diver [dáivər] 잠수부
dolphin [dálfin] 돌고래
fish [fiʃ] 물고기
lighthouse [láithàus] 등대
octopus [áktəpəs] 낙지
sand castle [sǽnd kǽsl] 모래
  성
sea gull [síːgʌ̀l] 갈매기
seashell [síːʃèl] 조개껍데기

shark [ʃɑːrk] 상어
ship [ʃip] 배
squid [skwid] 오징어
surfing [sə́ːrfiŋ] 서핑
swimsuit [swímsùːt] 수영복
tube [tjuːb] 튜브
turtle [tə́ːrtl] 바다거북
wave [weiv] 파도
whale [hweil] 고래

Soccer [sákər] 축구   314

center circle [séntər sə́ːrkl]
center forward [séntər fɔ́ːr-
  wərd]
center half [séntər hǽf]
goal area [góul ɛ̀(ː)riə]
goalkeeper [góulkìːpər]
goal line [góul làin]
goalpost [góulpòust]
halfway line [hǽfwei làin]
inside left [insáid lèft]

inside right [insáid ràit]
left back [léft bæ̀k]
left half [léft hæ̀f]
left winger [léft wìŋər]
penalty area [pénəlti ɛ̀(ː)riə]
referee [rèfəríː]
right back [ráit bæ̀k]
right half [ráit hæ̀f]
right winger [ráit wìŋər]
touchline [tʌ́tʃlàin]

Sports [spɔːrts] 스포츠   322, 323

badminton [bǽdmintən] 배드
  민턴
baseball [béisbɔ̀ːl] 야구
basketball [bǽskitbɔ̀ːl] 농구
boxing [báksiŋ] 권투
football [fútbɔ̀ːl] 미식 축구
golf [gɑlf] 골프
gymnastics [dʒimnǽstiks] (기

계) 체조
marathon [mǽrəθɑ̀n] 마라톤
skating [skéitiŋ] 스케이트
skiing [skíːiŋ] 스키
soccer [sákər] 축구
swimming [swímiŋ] 수영
tennis [ténis] 테니스
table tennis [téibl tènis] 탁구

volleyball [válibɔ̀:l] 배구

wrestling [résliŋ] 레슬링

Station [stéiʃən] 정거장   326, 327

baggage [bǽgidʒ] 수화물
conductor [kəndʌ́ktər] 차장
dining car [dáiniŋ kɑ̀:r] 식당 차
entrance [éntrəns] 입구
exit [égzit] 출구
indicator [índikèitər] 열차 안 내판
information desk [infərméiʃən dèsk] 안내소
passenger [pǽsindʒər] 승객

passenger car [pǽsindʒər kɑ̀:r] 객차
platform [plǽtfɔ:rm] 플랫폼
signal [sígnəl] 신호기
sleeping car [slí:piŋ kɑ̀:r] 침대차
ticket [tíkit] 차표
train [trein] 열차
waiting room [wéitiŋ rù(:)m] 대합실

Supermarket [sú:pərmɑ̀:rkit] 슈퍼마켓   338, 339

basket [bǽskit] 바구니
bread [bred] 빵
candies [kǽndiz] 캔디
canned goods [kǽnd gùdz] 통조림 제품
cart [kɑ:rt] 손수레
cashier [kæʃíər] 캐셔
cash register [kǽʃ rèdʒəstər] 금전 등록기

fish [fiʃ] 생선
frozen food [fróuzən fù:d] 냉동 식품
fruits [fru:ts] 과일
meat [mi:t] 고기
milk [milk] 우유
rack [ræk] 진열대
scale [skeil] 저울
vegetables [védʒitəblz] 야채

Town [taun] 시내   362, 363

bakery [béikəri] 빵집
barbershop [bɑ́:rbərʃɑ̀p] 이발소
beauty shop [bjú:ti ʃɑ̀p] 미용실
bus stop [bʌ́s stɑ̀p] 버스 정류장

church [tʃə:rtʃ] 교회
coffee shop [kɔ́:fi sɑ̀p] 커피숍
crosswalk [krɔ́:swɔ̀:k] 횡단보도
department store [dipɑ́:rtmənt stɔ̀:r] 백화점

삽화 해설

drugstore [drʌ́gstɔ̀:r] 약국
fire station [fáiər stèiʃən] 소방서
hospital [háspitl] 병원
hotel [houtél] 호텔
mail box [méil bàks] 우체통
meatstore [mí:tstɔ̀:r] 정육점
movie theater [mú:vi θì:ətər] 영화관
pet shop [pét ʃàp] 애완 동물 가게

police station [pəlí:s stèiʃən] 경찰서
post office [póust àfis] 우체국
restaurant [réstərənt] 레스토랑
shoestore [ʃú:stɔ̀:r] 신발 가게
street [stri:t] 도로
supermarket [sú:pərmà:rkit] 슈퍼마켓
telephone booth [télifoun bù:θ] 공중 전화 박스

Vegetables [védʒitəblz] 야채   376

cabbage [kǽbidʒ] 양배추
carrot [kǽrət] 당근
celery [séləri] 셀러리
corn [kɔ́:rn] 옥수수
cucumber [kjú:kəmbər] 오이
green pepper [grí:n pépər] 피망
lettuce [létəs] (양)상추
mushroom [mʌ́ʃrù(:)m] 버섯

onion [ʌ́njən] 양파
peas [pi:z] 완두콩
potato [pətéitou] 감자
pumpkin [pʌ́mpkin] 호박
red pepper [réd pépər] 고추
spinach [spínitʃ] 시금치
sweet potato [swí:t pətéitou] 고구마
tomato [təméitou] 토마토

Weather [wéðər] 날씨   384

cloudy [kláudi] 흐린
fall [fɔ:l] 가을
fog [fɔ:g] 안개
rainbow [réinbou] 무지개
rainy [réini] 비오는
shine [ʃain] 햇빛
snowstorm [snóustɔ̀:rm] 눈보라

spring [spriŋ] 봄
storm [stɔ́:rm] 폭풍우
summer [sʌ́mər] 여름
sunny [sʌ́ni] 맑은
thunder [θʌ́ndər] 천둥
tornado [tɔ:rnéidou] 토네이도
windy [wíndi] 바람부는
winter [wíntər] 겨울

442 four hundred and forty-two